Waldemar Röhrbein

Hannover – so wie es war

Für Marianne, Barbara
und Carl-Gerhard

Waldemar Röhrbein

HANNOVER

so wie es war

Droste Verlag Düsseldorf

Inhalt

Quellen- und Literaturhinweise

1. Hannoversche Tageszeitungen seit 1866 / 2. Hannoversche Geschichtsblätter 1898–1979 / 3. Henning Rischbieter, Hannoversches Lesebuch, 2. Band 1850–1950. Velber 1978 / 4. Waldemar R. Röhrbein/Franz R. Zankl u.a., Hannover im 20. Jahrhundert. Hannover 1978 / 5. Reichskristallnacht in Hannover. Hannover 1978 / 6. Ludwig Hoerner, Hannover in frühen Photographien 1848–1910. Mit einem Beitrag von Franz R. Zankl. München 1979 / 7. Martin Anger, Hermann Löns, Schicksal und Werk aus heutiger Sicht. Kürten 1978 / 8. Ulrich Beer, Versehrt, verfolgt, versöhnt: Dr. Horst Berkowitz. Ein jüdisches Anwaltsleben. Essen 1979 / Nr. 3–5 mit ausführlichen Literaturverzeichnissen zur Geschichte Hannovers von 1850 bis 1950.

Bildnachweis:

Abbildungen 130, 170: Landeskirchenamt der Evang.-luth. Landeskirche Hannover / Abbildung 119: Massey-Ferguson Hanomag Inc., Hannover / Abbildung 132: Niedersächsische Landesgalerie, Hannover / Abbildungen 135–140: Niedersächsisches Staatstheater, Hannover / Abbildungen 83, 84: Polygram Record Service GmbH., Hannover / Abbildungen 92, 95: Stadtvermessungsamt, Hannover / Abbildung 127: Ullstein-Bilderdienst, Berlin. Sämtliche anderen Abbildungen Bildarchiv des Historischen Museums am Hohen Ufer.

Stadtplan auf der Innenseite des Schutzumschlages von 1915

Redaktion und Layout: Kitty Rehmer

2. verbesserte Auflage 1980

Gesamtherstellung: Rheinische-Bergische Druckerei, Düsseldorf
ISBN 3-7700-0544-9

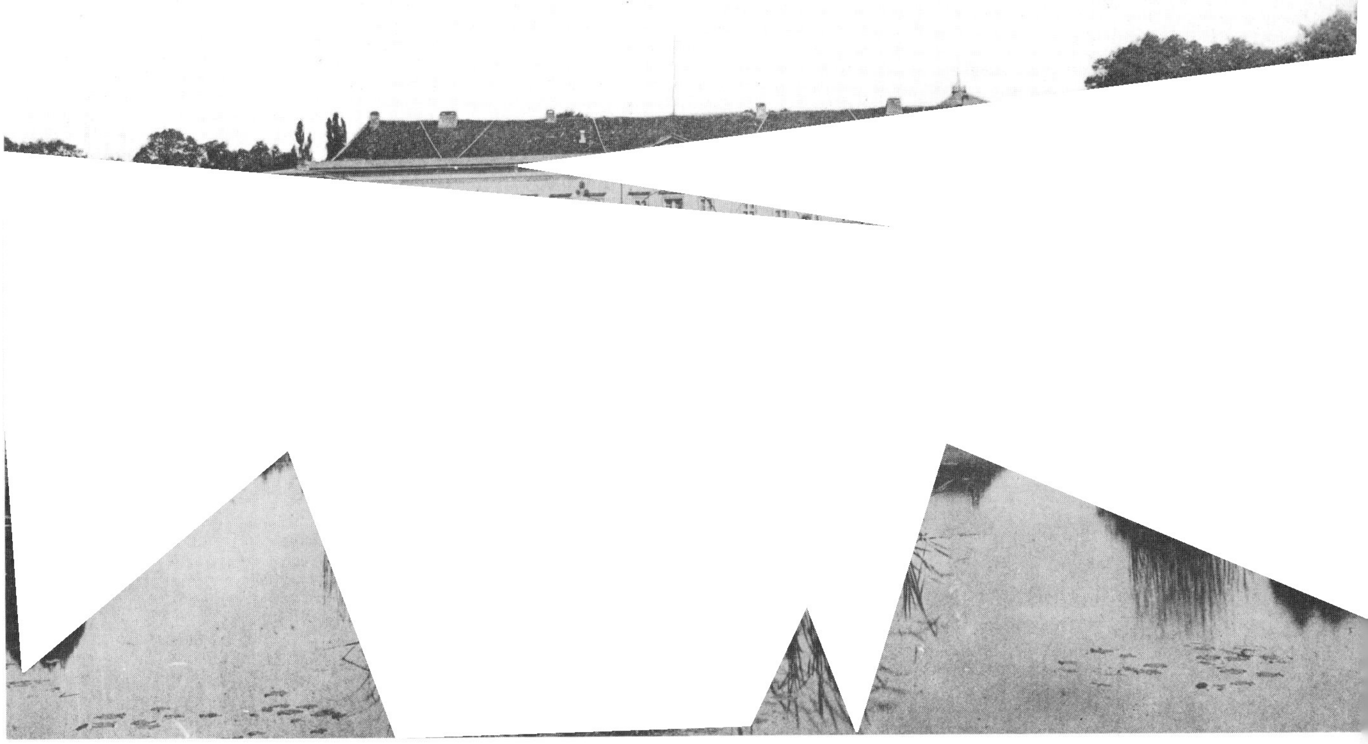

1 Schloß Herrenhausen. Foto: 1899

»Hannovers Fall«

Am Anfang dieses Buches steht ein Ende. Das Ende des Königreichs Hannover. Es wurde eingeläutet mit einem büchmannreifen Zitat seines Königs. »Als Christ, Monarch und Welf, kann ich nicht anders handeln.« Das waren die schwerwiegenden Worte Georgs V., die dieses Ende herbeiführten und der Stadt Hannover nach 230 Jahren den Charakter einer Residenzstadt nahmen.
Die Szene, in der sie fielen, spielte im Residenzschloß zu Herrenhausen (1). Man schrieb den 16. Juni 1866. Es war kurz nach Mitternacht, als König, Königin (2), und Kronprinz Hannovers Stadtdirektor Rasch (3) und Mitgliedern der städtischen Kollegien gegenübertraten. Aus Sorge um das ungewisse Schicksal, das der Stadt und dem ganzen Land in dem drohenden Krieg mit Preußen bevorstand, hatten sich die Stadtväter zu später Stunde nach Herrenhausen hinausbegeben, um den König zur Annahme der von Preußen gestellten Bedingungen zu bewegen. Doch die nächtliche Mission war vergebens. Der König ließ sich nicht bewegen. Sein unbeugsames Rechtsempfinden und seine zuweilen das Mystische streifende Vorstellung vom Gottesgnadentum seines königlichen Amtes verboten ihm, auf das preußische Ansinnen einzugehen. Denn die hannoversche Politik, im preußisch-österreichischen Streit um Schleswig-Holstein und gegenüber den preußischen Bundesreformplänen, eine strikte, auf dem Bundesrecht fußende Neutralität zu wahren, war inzwischen von der unnachgiebigen Forderung des Nachbarstaates überrollt, Hannover solle dem vorgeschlagenen Bündnis beitreten – oder sich als im Kriegszustand mit Preußen befindlich betrachten.
Bedrückt fuhren die Mitglieder der städtischen Kollegien in ihren 22 Kutschen durch die nachtdunkle Allee zurück in die Stadt, in der sich das Militär bereits im Aufbruch nach dem Süden des Landes befand. Frühmorgens um 4 Uhr erhielt Stadtdirektor Rasch ein Handschreiben, in dem der König seine und des Kronprinzen Abreise zu den Truppen nach Göttingen anzeigte und die in Herrenhausen verbleibende Königin mit den Prinzessinnen der »bewährten treuen Liebe und Anhänglichkeit« der Hannoveraner anempfahl.
Noch ehe sich, wie vorgesehen, die hannoverschen mit den bayerischen Truppen vereinigen konnten, kam es am 27. Juni bei Langensalza in Thüringen zum letzten Sieg der traditionsreichen hannoverschen Armee. Doch umringt von

den überlegenen preußischen Verbänden und abgeschnitten von Nachschub und Verbündeten, sah sich der Kommandierende General der hannoverschen Truppen, von Arentschildt, zwei Tage darauf gezwungen, zu kapitulieren. König und Kronprinz gingen ins Exil, zunächst auf das altenburgische Schloß »Fröhliche Wiederkunft«, dessen Name nicht hielt, was er zu versprechen schien, dann nach Wien.

In der Stadt Hannover hatten sich die Ereignisse derartig überstürzt, daß in der Hast des Aufbruchs der Truppen sogar vergessen worden war, das Pulvermagazin auf der kleinen Bult wieder abzuschließen, so daß am nächsten Tag eine Anzahl Jungen angetroffen wurde, die in der Annahme, es handle sich um schwarzen Sand, mit den zurückgebliebenen Pulvervorräten spielten. Magistrat und Bürgervorsteherkollegium mahnten die Mitbürger in öffentlichen Bekanntmachungen, »dahin zu wirken, daß keine Unordnungen irgendwelcher Art entstehen, daß die Ruhe gewahrt bleibt, daß mit pflichttreuer Ergebung getragen wird, was getragen werden muß«.

Am Abend des 17. Juni, vier Tage bevor die hannoversche Armee aus Göttingen abmarschierte, standen unter dem Oberbefehl des Generals Vogel von Falckenstein bereits 17000 preußische Soldaten in der Residenzstadt. Nach mehr als 50jähriger Friedenszeit war Hannover wieder eine besetzte Stadt. Am 19. erließ der preußische General eine Bekanntmachung, die der Selbständigkeit des Landes vorerst ein Ende bereitete.

In Herrenhausen harrten derweil Königin und Prinzessinnen, um das weitere Schicksal von König, Kronprinz, Truppen und Land bangend, besorgt, aber tapfer aus. Frostig verlief der kurze Antrittsbesuch des Generals von Falckenstein. Freude brachten hingegen die in alter Anhänglichkeit nach Herrenhausen hinausziehenden königstreuen Hannoveraner. »Im Volk ist der Geist wundervoll«, konnte die Königin den geschlagenen König trösten, drängte ihn aber zugleich, Wien zu verlassen und in die Nähe des Königreichs zurückzukehren, damit er erfahre, »was jeder Tag hier bringt« und kräftig eingreifen könne. Aber es gab nichts mehr, in das hätte eingegriffen werden können. Die Annexion Hannovers durch Preußen war, nachdem Bismarck das Einverständnis Napoleons III. erlangt hatte, beschlossene Sache, so daß auch die Anfang August noch einmal auf den Plan tretenden städtischen Kollegien mit ihrer Bitte, der König möge zugunsten des Kronprinzen abdanken und dieser zur Erhaltung des Königreichs auf die preußischen Bedingungen eingehen, den Lauf der Dinge nicht mehr wenden konnten.

Den Juli-Beschlüssen von Nikolsburg folgte am 23. August der Prager Friede zwischen Preußen und Österreich. Die darin vorgesehenen »Territorialveränderungen« wurden in bezug auf das Königreich Hannover durch das preußische Einverleibungsgesetz vom 20. September und das Annexionspatent vom 3. Oktober 1866 verwirklicht. Damit standen am Ende der mehr als 700jährigen welfischen Herrschaft in Hannover weder ein Friedensschluß noch ein von Georg V. oder seinen Nachkommen jemals ausgesprochener Verzicht auf ihr Königreich, sondern Beschlüsse von Kabinett und Landtag des erobernden Preußen. Daraufhin verließ Ende September auch die Königin das geliebte Schloß in Herrenhausen und zog auf ihre noch unfertige Marienburg, hoch oberhalb des Leinetals. Da sich auch hier viele welfisch gesinnte Hannoveraner bei »der vereinsamten Mutter des Landes« einfanden und ihr mannigfache Bezeugungen der Zuneigung zuteil werden ließen, begannen die preußischen Behörden in der Marienburg ein gelb-weißes Widerstandsnest zu sehen, fingen Kuriere mit Privatbriefen des Königs ab und stellten die Königin vor die Wahl, entweder außer Landes zu gehen oder einen preußischen Hofstaat zu akzeptieren. Die Königin wählte das Exil und reiste im Juli 1867 zu ihrem Mann nach Hietzing bei Wien.

Im Herrenhäuser Schloß, wo längst alles Leben erstorben war, begann jetzt hinter heruntergelassenen blauen Vorhängen ein sieben Jahrzehnte währender Dornröschenschlaf. Zwar war auch weiterhin, wie die noch heute am Seiteneingang befindliche, in Stein gehauene Besucherordnung aus der Zeit Georgs I. verkündet, »Jedermann ... erlaubt, sich im Königl. Garten eine Veränderung zu machen«, aber trotz anhaltender von der Cumberländischen Vermögensverwaltung unter preußischer Aufsicht finanzierter Pflege verlor der Garten Jahr um Jahr mehr von der Strenge seines barocken Ursprungs. Und die gebändigte Natur, nach und nach der äußerst kostspieligen alten Fesseln ordnender Gartenkunst entledigt, überließ vor allem nach Weltkrieg und Inflation Bäume und Büsche ihrem natürlichen Wachstum (4). Doch blieb vom einstigen Großen Garten des Barock, den die Kurfürstin Sophie niederländischen Gärten der Spätrenaissance hatte nachgestalten lassen und den ihre Erben in pietätvoller Verantwortung zwei Jahrhunderte hindurch in dieser Gestalt erhielten, immerhin die geometrische Klarheit der Gesamtanlage und eine Ahnung vom einstigen Triumph des Menschen über die Natur.

Den Garten von Herrenhausen hatte die Stuarterbin immer wieder als ihr Leben bezeichnet; in seiner »freyen frischen lufft praff zu spatzieren«, war stets ihre schönste Erholung. Und so mußte es wie eine Fügung des Schicksals erscheinen, daß die 84jährige Kurfürstinwitwe am 8. Juni 1714 in einem der Kabinette des Gartens vom Tode ereilt wurde. Anderthalb Jahrhunderte später hatte der damalige Oberhofmarschall und Minister des Königlichen Hauses, Carl von Malortie, die Idee, der Schöpferin des Gartens an der Stätte ihres Hinscheidens ein Denkmal errichten zu lassen. Georg V. beauftragte den Bildhauer Friedrich Wilhelm Engelhard, eine überlebensgroße Büste der Stammutter der Könige von Hannover, England und Preußen zu modellieren und diese in einem neuen Kabinett aufzustellen, das der Oberhofbaumeister H. G. Schuster an der Stelle des alten, 1817 abgebrochenen errichten sollte. Während der Pavillon offenbar bis 1866 fertiggestellt werden konnte, allerdings in Dimensionen, die den ausgewogenen Maßen des Gartens abträglich waren, wurde die Arbeit an der Skulptur durch einen Sinneswandel des Königs verzögert. Anstelle einer

Büste verlangte Georg V. plötzlich eine Sitzfigur, die wesentlich repräsentativer war und der Bedeutung der Fürstin mehr entsprach. Das Gipsmodell dazu konnte noch vorgestellt werden, dann brachte der Krieg die weitere Arbeit zum Erliegen. Erst 1871 und 1872 beschloß das preußische Kabinett, die Statue aus dem »Welfenfonds«, dem von Preußen beschlagnahmten und vielfach außerhalb jeglicher Rechtsgrundlage verwendeten Vermögen Georgs V., zu finanzieren. So kam es, daß die in carrarischem Marmor ausgeführte Statue erst 1878, im Todesjahr des letzten Königs von Hannover, an ihren vorbestimmten Platz gelangte (5). Sie überdauerte den monströsen Schusterschen Pavillon, der im Zuge der Wiederherstellung des verfallenen Großen Gartens 1936/37 abgebrochen wurde, ebenso wie dessen Nachfolger, ein weniger aufwendiges neuklassizistisches Kabinett, das den Bomben zum Opfer fiel. Nach Jahren des »Exils« in einer Heckennische des Orangenparterres vor dem Galeriegebäude, kehrte das Denkmal 1965 an seinen alten Platz zurück – jetzt freilich nicht mehr auf hohem, Respekt erheischendem Postament unter einem dunklen Dach, sondern zu ebener Erde vor einer geschwungenen Hecke unter freiem Himmel und in der von der Kurfürstin so geliebten »freyen lufft« ihres Gartens.
Von diesem Garten und seinem Schloß war 1714 Kurfürst Georg Ludwig schweren Herzens ausgezogen, um als Georg I. die Bürde der Krone eines Weltreichs tragen zu müssen. Von hier zog im unerschütterlichen Vertrauen auf sein Recht Georg V. 1866 in den Krieg, der für ihn das Exil, für Stadt und Land acht Jahrzehnte preußischer »Fremdherrschaft« brachte.

2 Georg V. (1819–1878), König von Hannover 1851–1866; Königin Marie 1818–1907. Foto: W. Lehmann/Hietzing. Um 1870

3 Hermann Rasch (1810–1882), Stadtdirektor von Hannover 1854–1882. Foto: Julius Giere. Um 1865

4 Saturn (Chronos) mit der Sanduhr, Skulptur im Parterre des Großen Gartens. Postkarte. Um 1905

5 Vor dem Denkmal der Kurfürstin Sophie. Postkarte. Um 1905

6 Leineschloß. Foto: Edmund Lill. Um 1910

Hannover – eine Stadt in Preußen

Einen Tag nach dem Nikolsburger Vorvertrag über Preußens Frieden mit Österreich hatte Bismarck den in Hannover eingesetzten Zivilkommissar von Hardenberg wissen lassen, es sei jetzt an der Zeit, »dem okkupierten Lande ernstlich fühlbar zu machen, daß wir unsere Herrschaft daselbst als für die Dauer gesichert ansehen«.
Die entsprechenden Maßnahmen folgten Schlag auf Schlag. Am 10. August trat Generalleutnant v. Voigts-Rhetz sein Amt als Generalgouverneur an und bezog das Ernst-August-Palais in der Adolfstraße. Am 20. September hißte die preußische Besatzungsmacht aus Anlaß der Verabschiedung des Einverleibungsgesetzes auf dem mit allen anderen staatlichen Gebäuden in preußischen Besitz übergegangenen Leineschloß (6, 7) die preußische Flagge. Dabei kam es zu einem Zwischenfall. Der Fahnenmast brach, und zur großen Schadenfreude der meisten herumstehenden Hannoveraner stürzte das Symbol der neuen Staatsgewalt in die Leine. Die »Mußpreußen« mögen das für ein gutes, die »Jubelpreußen« für ein böses Omen gehalten haben.
Da die gelb-weißen Fahnen des Welfenhauses jetzt nicht mehr herausgehängt werden durften, sollen eifrige Patrioten zum Ärger der hierher abkommandierten Berliner Schutzleute ihre Fensterrahmen oder die Bürgersteige vor ihren Häusern gelb-weiß angestrichen haben. Und als ein preußischer Beamter eine Bauersfrau in einem der Dörfer vor den Toren der Stadt fragte, ob man sich denn nun an die neuen Verhältnisse gewöhnt habe, antwortete sie ungerührt in Calenberger Platt »Wi mött ja, man bloß use Heuner – dä legget jümmer noch gälwitte Eier«.
Die Königstreuen ließen keine Gelegenheit aus, um ihre Anhänglichkeit an das angestammte Herrscherhaus zu demonstrieren. Nachdem ihr fürstliches Trostpfand, die Königin Marie, erst Herrenhausen und dann die Marienburg verlassen hatte, gingen zu Geburtstagen und Jubelfeiern massenweise Glückwunschadressen an die königliche Familie nach Hietzing ab. In Hannover traf man sich aus diesen Anlässen im »Odeon« vor dem Steintor, bis dem Wirt bei Fortsetzung solcher Demonstrationen die Schließung seines Lokals angedroht wurde. Beamten und Offizieren war aus diesem Grunde ohnehin geraten, dieses Etablissement tunlichst zu meiden. Am Ernst-August-Denkmal wurden zum 15. Todestag des Königs demonstrativ Kränze niedergelegt,

7 Leineschloß, Rückfront mit Leine und Flußwasserkunst. Foto: Um 1906

und Pastor Bödeker überliefert in seinem Tagebuch, daß beim erstmaligen Verlesen des Kirchengebetes für König Wilhelm von Preußen viele Gottesdienstbesucher die Marktkirche verlassen hätten.

Um diese und andere antipreußische Demonstrationen zu unterbinden, an denen sich auch namhafte Angehörige des hannoverschen Adels, der Beamtenschaft und des Militärs beteiligten, stellte Bismarck allen Agitatoren Kriegsgericht und Haft in der preußischen Festung Minden sowie die Suspendierung vom Amt in Aussicht, was verschiedene Hannoveraner bitter zu spüren bekamen.

Der schwärzeste Tag für die heimat- und königstreuen Hannoveraner war zweifellos der 6. Oktober. In großer Versammlung, zu der sich die Spitzen der weltlichen, geistlichen und militärischen Behörden im Leineschloß hatten einfinden müssen, ließ der Generalgouverneur das »Patent wegen Besitznahme des vormaligen Königreichs Hannover« verkünden. Verlesen wurde es durch den Grafen Waldersee.

Daß der neue Landesherr, König Wilhelm I. von Preußen, den Hannoveranern in einer zugleich mit dem Besitzergreifungspatent veröffentlichten Proklamation in Aussicht gestellt hatte »Euren Gewerben, Eurem Handel und Euerer Schiffahrt eröffnen sich durch die Vereinigung mit meinen Staaten reichere Quellen. Meine Vorsorge wird Eurem Fleiße wirksam entgegenkommen«, wurde zunächst nur von den Weitsichtigeren richtig erkannt. Der weitaus größte Teil der kleineren Handel- und Gewerbetreibenden stand diesen vermeintlichen Schalmeienklängen skeptisch bis ablehnend gegenüber, denn die wirtschaftliche Entwicklung in den Kriegs- und Nachkriegswochen hatte in der Residenzstadt erst einmal das genaue Gegenteil bewiesen. Auch ließ die Aufhebung der Hofhaltung, die Abreise der fremden Gesandten und der Rückzug vieler Adeliger auf das Land für die Zukunft weitere Einnahmeeinbußen befürchten.

Aber die preußische Regierung beschränkte sich nicht auf ihre vielfach kaum mit Fingerspitzengefühl gehandhabte Besatzungspolitik der drakonischen Maßnahmen, sondern sie war auch bemüht, die Verhältnisse zu bessern und vor allem die ehemalige Hauptstadt, die weiterhin den wohlklingenden, aber entleerten Titel »Residenzstadt« führen durfte, wirtschaftlich und ihrer Bedeutung entsprechend zu fördern. Dazu gehörte es, daß eine Stadt vom Range Hannovers, die seit ihrer Residenzerhebung im Jahre 1636 eine Garnison in ihren Mauern beherbergt hatte, auch in Zukunft Garnisonstadt blieb. Schließlich war eine große Garnison ein nicht zu unterschätzender Wirtschaftsfaktor und entsprach im übrigen preußischen Sicherheitsbedürfnissen. Die meisten der nach 1866 in Hannover stationierten Truppen, mit denen auch Paul von Hindenburg zum erstenmal in die Stadt kam, blieben nur vorübergehend. 1870 zogen sie in den Deutsch-Französischen Krieg, in dem die Hannoveraner

Seite an Seite mit den Preußen kämpften. Außerdem waren Anfang 1867 vier Fünftel der von Georg V. nach hartem Ringen von ihren Eiden entbundenen hannoverschen Offiziere in die preußische Armee eingetreten. Dieser gemeinsame Kampf erwies sich in breiten Schichten Hannovers als durchaus integrationskräftig, zumal er mit einem glänzenden Sieg und der späten kleindeutschen Einigung des Reiches ausging. Beides wurde auch in Hannover grenzenlos bejubelt. Wen wundert es da, daß Professor Wilhelm Wiedasch im Schulprogramm des neuen Clevertor-Lyzeums Ostern 1871 jenes Pathos anschlug, das zum charakteristischen Grundakkord der Wilhelminischen Zeit werden sollte. Den Sieg über Frankreich feierte der Professor als ein Gottesgericht, als einen Beweis vom siegreichen Walten der sittlichen Mächte. »Wahrlich, es ist eine erhebende Lust, in einer großen Zeit zu leben, die ihres Gleichen nicht hat, nicht haben wird.« Genau diesem Pathos entsprach natürlich auch das Provinzial-Kriegerdenkmal, das 1884 am Ende der Königstraße vor der Kulisse der vorderen Eilenriede errichtet, im Zweiten Weltkrieg seiner Bronzefiguren beraubt und später ganz beseitigt wurde.

Nach dem Deutsch-Französischen Krieg dauerte es einige Jahre, bis die Garnison etwa 1878 den Bestand erreicht hatte, den sie dann im wesentlichen bis zum Ausbruch des Ersten Weltkrieges behielt. Zum Kommandierenden General des X. Armee-Korps war 1873 Prinz Albrecht von Preußen, ein Neffe des Kaisers, ernannt worden, der seinen Dienstsitz im Ernst-August-Palais an der Adolfstraße, seine Privatwohnung anfangs im Alten Palais in der Leinstraße, dann im Kammerflügel des Leineschlosses hatte. 1888 wählten ihn die Landstände des Herzogtums Braunschweig zum Regenten.

In Hannover lag neben verschiedenen Stäben, das Königs-Ulanen-Regiment Nr. 13, anfangs in der aus dem 18. Jahrhundert stammenden Garde-du-Corps-Kaserne am Königsworther Platz (66), nach 1906 im Neubau an der Schackstraße. Das Füsilier-Regiment Nr. 73 war teils in den Kasernen am Waterlooplatz, teils in der 1876/1878 erbauten Bult-Kaserne stationiert. Das Hann. Infanterie-Regiment Nr. 74 sowie verschiedene Formationen der Artillerie waren in den Kasernen am Welfenplatz untergebracht. Diese zufällige Nummernfolge zweier verschiedener Waffengattungen verwirrte offenbar einfache Gemüter, denn sonst wäre es vor der 73er Kaserne kaum zu dem von Wilhelm Henze aufgeschriebenen Wortwechsel zwischen einer ahnungslosen Bauersfrau und einem Soldaten gekommen: »Suih, et is giut, dat eck sei dräpe! Hebbet Se meenen Sohn Adolf nich 'eseihn? Is hei woll inne?« – »Eck kenne Öhren Sohn nich«, seggt dei Soldate. »Doch, doch, Sei möttet doch meenen Adolf kennen; et is doch Öhre Nebenmann!« – »Nä, meen Nebenmann hett nich Adolf!« – »Na«, seggt dei Olsche, »niu leiget Sei; Sei hebbet ne 73 upper Schulder un meen Adolf 'ne 74, denn möttet Sei doch tausammenstahn.«

1867 war durch Verlegung des preußischen Militär-Reitinstitutes nach Hannover die hiesige Reitschule wieder eröffnet worden. In den von Ferdinand Wallbrecht 1876 an der Vahrenwalder Straße in rotem Backstein und Nesselberger Sandstein, in »einfacher, aber guter Renaissance« mit sechs Reitbahnen und Stallungen für 400 Pferde errichteten Gebäuden konnten jeweils 200 Mann ausgebildet werden. Dieser Kavallerie-Schule verdankt die erste bedeutende Sportanlage der Stadt ihre Entstehung: die Pferderennbahn auf der kleinen Bult, dem heutigen Stadthallengelände, auf der 1868 das erste Galopprennen für Vollblüter stattfand. Die Reitschule gab nicht nur dem hannoverschen Pferdesport die entscheidende Anregung, sondern wurde darüber hinaus zu einer Hochburg der deutschen militärischen Reiterei. Der »Verein zur Förderung der Landespferdezucht« stiftete schon 1875 den Großen Preis von Hannover und sicherte der Stadt die Vorherrschaft im deutschen Reitsport. Die Rennbahn mußte 1906 auf die große Bult verlegt werden, die Reste der Reitschule in der Vahrenwalder Straße wurden 1975 abgebrochen.

Ein anderes Bauwerk, das seine Entstehung dem preußischen Militär verdankte, war die Garnisonkirche am Goetheplatz (8), »ein Bau nicht nur auf, sondern gleichsam aus niedersächsischem Boden, ein Spiegel niedersächsischen Charakters, wie er sich scharfsinnig, gewissenhaft, mehr verständig als im Gefühl lebend, geschmackvoll, gründlich und in der feineren Ausführung unübertrefflich in den Kunstschöpfungen des Mittelalters offenbart«. Doch bevor Anlaß zu derartigem Jubel war, hatte es ein Malheur gegeben. Anfang Juli 1893 war eines schönen Morgens einer der Türme eingestürzt, und auch der in Mitleidenschaft gezogene andere mußte abgetragen werden. Wahrscheinlich lag es am Untergrund, der als Aufschüttung eines Befestigungsgrabens nicht tragfähig genug war. Die Hannoveraner hatten natürlich ihre eigene Version. Ein Bäckerjunge sei frühmorgens beim Brötchenaustragen vorbeigegangen und habe »Üb immer Treu und Redlichkeit« gepfiffen, und das habe der Turm nicht vertragen. Warum er es nicht vertragen hatte, darüber läßt Friedrich Lüddecke zwei Hannoveraner sinnieren: »Ob nun wohl der annere auch noch runterkömmt?!« – »Sollte mich nich wunnern, wo er doch von dasselbe stiebitzte Geld gebaut ist!« – »Stiebitzte Geld?« – »Naja, das Geld aus'm Welfenfonds, was eigentlich dem Kummerländer gehört und Bismarck annektiert hat!« – »Sie, das lassen Se man nich die Schutzleute hören ...!« – denn die waren eifrig bemüht herauszufinden, ob es nicht doch eventuell einen Schuldigen für diesen peinlichen Vorfall gab. Am 7. Juni 1896 konnte die Garnisonkirche schließlich eingeweiht werden. Im Zweiten Weltkrieg brannte sie aus. Da es nach 1945 weder eine Militärgemeinde gab, noch eine überzeugende Verwendungsmöglichkeit für die durchaus restaurierungsfähige Ruine gefunden werden konnte, wurde sie 1960 schließlich abgebrochen.

Als Exerzier- und Paradeplätze dienten der 1858/60 zugleich mit dem Bau der Kasernen auf freiem Feld an der Chaussee nach Celle angelegte Welfenplatz und der ältere, von Laves als Teil eines größeren städtebaulichen Konzeptes zwischen 1826 und 1832 geschaffene Waterlooplatz (9). Laves hatte die bereits kurz nach den Befreiungskriegen diskutierten

8 Garnisonkirche. Postkarte. 1907

Überlegungen, die Ende des 18. Jahrhunderts nach Schleifung der Wälle angelegte Esplanade zu vergrößern und den bei Waterloo Gefallenen ein Denkmal zu setzen, in einem Gesamtentwurf zusammengefaßt. Er stellte das gewünschte Denkmal in Gestalt einer Siegessäule als Bezugspunkt an die südwestliche Schmalseite seines auf das Schloß ausgerichteten Platzes und ließ die Säule mit dem Wintergarten des Schlosses und dem Turm der Marktkirche eine städtebaulich interessante Achse bilden.

Die Säule mit der Aussichtsplattform und der darüber schwebenden Victoria war nicht das einzige Denkmal des Waterlooplatzes. Älter als die Waterloosäule war der Leibniztempel (10), den Hannovers Bürger 1790 an der westlichen Schmalseite der Esplanade aufgestellt hatten. Ein Fremder, Johann Heinrich Voß, hatte mit seinem Gedicht über Leibniz' Grab die Hannoveraner aufgerüttelt. Hofrat Ramberg, der Vater des Malers, entwarf den Tempel; der in Rom lebende irische Bildhauer Christopher Hewetson schuf die Marmorbüste, und der Göttinger Altphilologe Christian Gottlob Heyne steuerte die Inschrift »Genio Leibnitii« bei.

Nach Anlegung des Waterlooplatzes geriet der Tempel, einst »point de vue« der Esplanade, ins Abseits und mit der fortschreitenden militärischen Randbebauung des Platzes vor die Kasernen, wo er nun wirklich nicht hingehörte. Wenn man dagegenhält, daß Hannovers Heerführer bei Waterloo, Carl Graf von Alten, sein Standbild vor dem Archiv, allerdings am Eingang zum Waterlooplatz und gegenüber dem von ihm einst bewohnten Hause, dem späteren Friederikenschlößchen, erhielt, erscheint diese Konstellation durchaus nicht ohne Komik. Und die Hannoveraner hätten ihren sinnenden Philosophen gern schon Ende des 19. Jahrhunderts aus der ihm fremden militärischen Umgebung herausgeholt und samt Tempel an die Georgstraße, in einen zwischen Opernhaus und Georgsplatz projektierten Denkmalshain versetzt. Aber daraus wurde nichts. Es fehlte das Geld. Leibniz wartete geduldig, bis die Stadt ihren größten Sohn erlöste und den Tempel auf einen Hügel in den Georgengarten versetzen ließ – in die Nähe des Großen Gartens, wo der Gelehrte in zahlreichen Spaziergängen Gesprächspartner und Berater der Kurfürstin Sophie gewesen war.

Von den Militärs, die bis zum Ersten Weltkrieg in Hannover Kommandos geführt haben, seien neben dem schon erwähnten Prinzen Albrecht von Preußen, Alfred Graf von Waldersee und Otto von Emmich genannt, die zusammen mit dem General von Alten und Paul von Hindenburg im kriegsbedingten Zweckoptimismus des Jahres 1940 vom »Hannoverschen Kurier« wegen ihres »Heldengeistes« als große, Geschichte machende hannoversche Heerführer gefeiert wurden.

Waldersee kam zum erstenmal 1866 als Major im Generalgouvernement nach Hannover. Nach dem Deutsch-Französischen Krieg übernahm er 1871 das Ulanen-Regiment Nr. 13 und stieg zwei Jahre später zum Generalstabschef des X. Armee-Korps auf.

Zu Hannover hatte sich Waldersee, der in einer glänzenden militärischen Karriere Nachfolger des alten Moltke geworden war, offenbar immer hingezogen gefühlt, hierher war er 1898 zurückgekehrt, von hier zog er 1900 in den »Boxerauf-

9 Feldgottesdienst der Garnison Hannover auf dem Waterlooplatz am 6. Juni 1878 zum Gebet für den Kaiser. Foto: Carl Thies

10 Leibniztempel vor der Garde-Jäger-Kaserne am Waterlooplatz. Postkarte. Um 1930

stand«, hier verbrachte er seinen Lebensabend (11). Zuerst hatte der bärbeißige Preuße gemeint, man müsse den widerspenstigen Hannoveranern mit aller Gewalt preußische Gesinnung einbleuen. Im Alter betrachtete er sie dann mit milderen Augen und fühlte sich ganz wohl unter ihnen. Doch nicht deswegen, auch nicht, weil er irgend etwas für die Stadt geleistet hatte, sondern weil er ein so bedeutender General war, wurde er von der Stadt mit Ehrungen überhäuft. 1900 erhielt er die Ehrenbürgerurkunde, dann wurde eine der schönsten Straßen nach ihm benannt, und mitten im Ersten Weltkrieg errichtete man ihm an der Hohenzollernstraße das von Bernhard Hoetger den Rolandstatuen nachempfundene Monumentalstandbild.
Der andere Soldat, dem ähnliche Ehrungen widerfuhren, war Otto von Emmich. Als Kommandierender General des X. Armee-Korps zog er von Hannover aus in den Ersten

11 Alfred Graf von Waldersee und Villa Waldersee in der Hohenzollernstraße 40. Postkarte. 1902

Weltkrieg und ging schon wenige Tage nach der Mobilmachung aufgrund seiner kühnen Erstürmung der belgischen Festung Lüttich in die Kriegsgeschichte ein. Die Stadt Hannover dankte ihm Umsicht, Tapferkeit und Wagemut mit der Ernennung zum Ehrenbürger und setzte ihm auf dem Engesohder Friedhof das noch heute erhaltene, gewaltige Grabmal. Daß auch dieser Ehrenbürger, der für die Stadt selbst ebensowenig geleistet hatte wie Graf Waldersee, gleichfalls eines Straßennamens für würdig befunden wurde, mag gerechtfertigt sein. Aber ebenso gerechtfertigt wäre es gewesen, den Emmichplatz nach dem inzwischen verschwundenen »Neuen Haus« umzubenennen, um auf diese Weise die Erinnerung an das älteste Ausflugslokal vor den Toren der Stadt wachzuhalten.
Doch bis zur Wende des Ersten Weltkrieges hieß es »Der Soldate, das ist der schönste Mann im ganzen Staate«. Und vor allem in einer preußischen Garnisonstadt galt er mehr als die meisten Zivilisten, und der Offizier rangierte vor dem gehobenen Beamten. In Hannover trat das Militärische vor allem immer dann beherrschend hervor, wenn der König von Preußen und Deutsche Kaiser die Residenzstadt mit seiner Anwesenheit beehrte.

Wilhelm I. besuchte seine neue Provinzstadt bereits 1868 und 1869. Bei seinem ersten Aufenthalt stiftete er 1000 Taler für die Armen der Stadt, 1874 besichtigte er im Zoologischen Garten das in Planung und Bau befindliche Raubtierhaus, für das er 15000 Taler zur Verfügung gestellt hatte. Zoodirektor Kuckuck konnte dem Herrscher bei dieser Gelegenheit auch stolz einige Giraffen vorführen, die es damals noch nicht einmal im Berliner Zoo gab.
Wilhelm II., der sehr auf Einebnung der alten hannoversch-preußischen Gegensätze bedacht war und als Ausdruck seiner wohlwollenden Gesinnung der Stadt 1890 die Bezeichnung »Königliche Haupt- und Residenzstadt« verlieh, außerdem 1892 die Beschlagnahme der Zinsen des welfischen Vermögens aufhob, kam bis zum Ersten Weltkrieg 31mal nach Hannover, darunter zehnmal zu mehrtägigen Aufenthalten. Diese »Kaisertage« bescherten den Hannoveranern von nun an fast jährlich den von vielen immer noch sehr entbehrten Glanz höfischen und feierlich-militärischen Zeremoniells. Es kam für wenige Tage Farbe und Leben in die sonst eher etwas eintönige Garnison-, Beamten- und Industriestadt. Das klingende Spiel und die bunten Uniformen, Paraden, Empfänge und Besichtigungen, bei

12 Enthüllung des Prinzessinnendenkmals. Foto: 10. Juli 1910

denen es für die Untertanen immer etwas zu sehen und zu staunen gab, brachte Hannoveraner aus Stadt und Land auf die Beine. In der Stadt ließ man sich nicht lumpen, wenn Majestät kam und baute aus Holz, Leinen und Pappmaché dutzendweise Versatzstücke und Requisiten einer ruhmvollen Vergangenheit und glorreichen Gegenwart.
Die Straßen, durch die Seine Majestät ritten oder fuhren, waren von Fahnen und Girlanden geradezu überschwemmt. Auf sämtlichen Plätzen, vor allen öffentlichen Gebäuden und vor manchen Privathäusern standen Triumphbögen, Obelisken oder irgendwelche symbolträchtigen Figurengruppen mit und ohne Viktorien, Göttinnen, Engeln und Helden. Am Kröpcke gab es 1889 eine »Friedenssäule«, auf dem Marktplatz eine rührende »Hannovera«, auf dem Holzmarkt einen von zwei fülligen Walküren flankierten grimmigen Wotan, und zwischen Leineschloß und Altem Palais stand in der Mittelnische eines doppelten Triumphbogens, die liebliche Königin Luise, die im Alten Palais geborene Urgroßmutter des Kaisers.
Dieser Urgroßmutter und ihrer ebenfalls im Alten Palais geborenen Schwester, der späteren hannoverschen Königin Friederike, hatte Gottfried Schadow mit seinem Doppelstandbild 1797 in Berlin ein berühmtes Denkmal gesetzt. Wilhelm II. ließ durch den Bildhauer Casal eine Kopie anfertigen und schenkte sie der Geburtsstadt der Prinzessinnen. Am 19. Juli 1910, dem 100. Todestag der Königin Luise, wurde es am Rande der Eilenriede, in Höhe der Yorckstraße, von Kronprinz Wilhelm enthüllt (12). Der im Zweiten Weltkrieg zerstörte Kopf der Luise wurde durch Professor Vierthaler ersetzt.
Als wieder einmal Kaisertage bevorstanden, nämlich die von 1907, bei denen »der oberste deutsche Kriegsherr sein Volk in Waffen« mustern wollte, hielt gar die Kölnische Zeitung »ein unparteiisches und schmeichelhaftes Lob« für die »künstlerische Ausgestaltung der Feststraßen« bereit. Auch dieser Kaiserbesuch wurde ein voller Erfolg, obwohl er zur Abwechslung einmal nicht mit Kaiserwetter, sondern mit Nieselregen begann. Auf dem Marktplatz wurde S.M. von den Städtischen Kollegien, vielerlei Ehrenformationen und weißgewandeten kleinen Schulmädchen erwartet (13). Stadtdirektor Tramm hielt eine Rede auf den Kaiser, dieser dankte huldvoll vom Pferd herab, Mariechen Tramm sagte ein Gedicht auf, und Vater Tramm stimmte stolz das Hoch auf den Kaiser an, »das sich brausend über den ganzen Marktplatz fortpflanzte«. Das war der offizielle Auftakt des Kaiserbesuchs, der drei Tage hindurch mit buntem Programm vor den staunenden und jubelnden Hannoveranern abrollte.
Die große Kaiserparade auf dem Kronsberg wurde ein »prächtiges militärisches Schauspiel. Mit seinem ernsten Hintergrunde verfehlte es auch diesmal nicht, namentlich bei den Ausländern einen tiefen Eindruck zu hinterlassen«.

13 Kaisertage 1907: Empfang Wilhelms II. auf dem Marktplatz. Foto: Carl Thies. 26. August 1907

Doch eines verschwieg die Festschrift: daß der Kaiser mitsamt seinem Schimmel zu Boden gestürzt war. Dieser Vorfall veranlaßte den Führer der Welfenpartei, den alten Grafen Bernstorff, in einer Reichstagsrede zu der Bemerkung, es sei eben doch nicht jeder imstande, das weiße Roß der Niedersachsen zu reiten.

Als der hohe Besuch nach drei Tagen voller Empfänge, Ansprachen, Paraden, Visiten, Ausfahrten und Besichtigungen zu Ende gegangen war, versicherte der Kaiser bei der Verabschiedung auf dem Bahnhof, er sei nun doch zu dem Urteil gekommen, »daß die Hannoveraner ein ganz vortrefflicher Volksstamm seien«. Diese gnädige Meinung S. M. fand ihren sichtbaren Ausdruck in einem Regen von Orden und Ehrungen, der über Hannoveraner aller Stände und Klassen in Stadt und Land niederging. Dann war bis zum nächsten Besuch fürs erste der Glanz wieder vorbei. Denn voreilige Hoffnungen, daß mit dem Amtsantritt des Prinzen Albrecht von Preußen eine neue Hofhaltung entstehen und auch der jungen Großstadt Hannover wieder fürstlichen Glanz verleihen würde, erfüllten sich nicht. Der Prinz war ausschließlich als Soldat nach Hannover versetzt. Lediglich die täglichen Ablösungen der Schloßwache boten einen mageren Ersatz für das große höfisch-militärische Zeremoniell, lockten aber immer viele Schaulustige an (14). Auch das Amt des an der Spitze der Provinz stehenden Oberpräsidenten war verfassungsmäßig nicht so angelegt, daß ein Amtsinhaber daraus hätte Funktionen eines Ersatz- oder Vizekönigs ableiten können, wenngleich auch der erste Oberpräsident, Otto Graf zu Stolberg-Wernigerode, von Haus aus an eine größere Hofhaltung gewöhnt war.

Das Amt des Oberpräsidenten, eine seit 1808 in den preußischen Provinzen bestehende Oberste Verwaltungsbehörde, der die Aufsicht über die Provinzial- und Kommunalbehörden, die Überwachung der Durchführung von Gesetzen und Verordnungen, zugleich aber auch die Vertretung der Interessen der Provinz gegenüber der preußischen Regierung oblag, wurde auch auf das eroberte Land Hannover übertragen, nachdem Bismarcks Versuche, dessen Einheit zu zerschlagen, sowohl von Gegnern als auch Anhängern der Annexion abgewehrt worden waren.

Am 18. September 1867 trat Stolberg-Wernigerode sein Amt an. Damit wurde die Trennung der Zivil- von der Militärverwaltung vollzogen und das kriegsbedingte Generalgouvernement beendet. Seinen Dienstsitz hatte der Oberpräsident zunächst im Kammerflügel des Leineschlosses, ab 1873 im

14 Ablösung der Schloßwache. Foto: Karl F. Wunder. 1887

15 Das »Alte Palais« in der Leinstraße. Foto: Karl F. Wunder. Um 1875

Alten Palais (15) und von Oktober 1887 bis 1946 im Regierungsgebäude an der Calenberger Straße (40).
Kurz vor dem Eintreffen des ersten Oberpräsidenten hatte Hannover mit der »Provinzialständischen Verfassung« »die Geburtsurkunde der kommunalen Selbstverwaltung« erhalten, bei deren Ausarbeitung 23 Mitglieder der ehemaligen hannoverschen Ständeversammlung darauf hingewirkt hatten, daß von den hannoverschen Verfassungs- und Verwaltungseinrichtungen soviel wie möglich in die preußische Zeit hinübergerettet und das erforderliche Neue aus dem Geiste und in Fortentwicklung des Alten gestaltet wurde.
Nach der Einführung der neuen Kreis- und Provinzialordnung von 1885 wurden die 99 Abgeordneten des Provinziallandtages von den parlamentarischen Vertretungen in den 77 Stadt- und Landkreisen gewählt, wobei sich die Zahl der von der einzelnen Gebietskörperschaft zu entsendenden Abgeordneten nach deren Einwohnerzahl richtete. Im Jahre 1900 konnte die Stadt Hannover fünf Abgeordnete, darunter

16 Das alte Ständehaus, Rückfront und Garten zur Georgstraße; rechts das aufgestockte Gebäude des Polytechnikums und die Neubauten an der Karmarschstraße. Foto: 1880

ihren Stadtdirektor Tramm entsenden, die Stadt Linden zwei. Die Verwaltung der Angelegenheiten des Provinzialverbandes erfolgte durch den Provinzialausschuß. Die Geschäfte der laufenden Verwaltung oblagen dem aus dem Landesdirektor, der 1907 den Titel Landeshauptmann erhielt, und zwei Schatzräten bestehenden Landesdirektorium.

Untergebracht waren Provinziallandtag und Landesdirektorium im alten Ständehaus in der Osterstraße (16). Doch 1878 beschloß der Provinziallandtag auf ein Angebot Ferdinand Wallbrechts einzugehen, der dem Landtag gegen Überlassung von Grundstück und Gebäude die Errichtung eines neuen Ständehauses am Schiffgraben anbot. Damit erhielt Wallbrecht die Möglichkeit, sein inzwischen auch vom Magistrat unterstütztes Projekt eines Straßendurchbruches von der Bahnhofstraße zum Alten Rathaus zu verwirklichen. Am 25. Oktober 1880 tagte der Provinziallandtag zum letzten Mal im alten Ständehaus, das seit Anfang des 18. Jahrhunderts als Versammlungsort der Calenberg-Grubenhagenschen Landschaft und seit 1845 ausschließlich der Ständeversammlung für das Königreich Hannover gedient hatte. Es wurde mit zahlreichen anderen alten Gebäuden dem ersten großen, brutal in die alte Stadtgestalt und Bausubstanz eingreifenden innerstädtischen Straßendurchbruch geopfert. So entstand bis zur Osterstraße die Karmarschstraße und von dort bis zum Alten Rathaus die Grupenstraße. Nebenbei fiel zwischen Karmarsch- und Georgstraße eine kleine Passage ab, deren Name bis heute an das Ständehaus erinnert.

Inzwischen war am Schiffgraben, der vornehmsten Villenstraße der damaligen Zeit, Ferdinand Wallbrechts »Tauschobjekt« emporgewachsen. Im Stil der italienischen Renaissance ausgeführt, die Architekturteile in hellem Sandstein, die Wandflächen in gelben Verblendziegeln, gab das neue Ständehaus der Sophienstraße einen repräsentativen Abschluß (17).

Die bedeutendste Gestalt unter den Oberpräsidenten, Landesdirektoren und Landeshauptleuten war zweifellos Rudolf v. Bennigsen (18), der Gründer des Deutschen Nationalvereins und erster Vorsitzender der Nationalliberalen Partei. Der 1824 in Lüneburg geborene Jurist gehörte dem Provinziallandtag von 1867 bis 1888 an, war von 1868 bis 1888 Landesdirektor und wurde noch im Dreikaiserjahr von Wilhelm II. zum Oberpräsidenten in Hannover ernannt. Als

17 Provinzial-Ständehaus am Schiffgraben. Foto: Friedrich Reinecke. 1881

18 Rudolf v. Bennigsen (1824–1902). Foto: Um 1895

Gegner eines engherzigen Partikularismus und Anhänger der kleindeutsch-preußischen Lösung hatte ihn seine oppositionelle Haltung gegenüber der hannoverschen Regierung im Krisenjahr 1866 auf die Seite der Neutralitätsverfechter geführt. Nachdem die Würfel gefallen waren, stellte sich Bennigsen wie der Erblandmarschall Graf Münster – und gleich diesem von den welfischen Kreisen für den Rest seines Lebens heftig angefeindet – auf den Boden der Realitäten und versuchte, in den Verhandlungen mit der preußischen Regierung und in der Führung seiner späteren Ämter von hannoverscher Eigenart soviel zu bewahren wie irgend möglich. Seine Leistungen für die Provinz hatten ihre Wurzeln in den hannoverschen Traditionen. Und so kam sein großes Interesse an der Geschichte vor allem den Museen der Provinzhauptstadt zugute. Das Provinzialmuseum förderte er, so gut es Etat und Einfluß erlaubten, von dessen Begründung im Jahre 1870 bis zur Finanzierung des Neubaus am Maschpark; dem Kestner-Museum beschaffte er staatliche Mittel zum Ankauf der Culemannschen Sammlung, das Kunstgewerbemuseum unterstützte er durch Bereitstellung von Geldern für Restaurierung und Ausbau des Leibnizhauses.

Die Stadt Hannover wußte, was sie an diesem Oberpräsidenten hatte, und stattete ihren Dank zu seinem 70. Geburtstag mit der Verleihung der Ehrenbürgerwürde ab. Dem Beschluß waren im Bürgervorsteher-Kollegium heftige

19 Provinzialmuseum am Maschpark mit Rudolf-von-Bennigsen-Denkmal. Foto: Friedrich Astholz. 1907

Kontroversen vorausgegangen, da die welfische Minderheit Bennigsens Tätigkeit als unheilvoll, sowohl für die Provinz als auch für das Reich, hingestellt hatte.

Als die Nationalliberalen ihrem Gründer und langjährigen Führer am Maschpark, gegenüber dem Provinzialmuseum, ein Denkmal errichten ließen, beteiligte sich die Stadt unter ihrem nationalliberalen Stadtdirektor Heinrich Tramm ebenfalls mit einem namhaften Betrag. Pergola und Sockel der Denkmalsanlage entwarf der Architekt Otto Lüer, die Sitzfigur in doppelter Lebensgröße der Bildhauer Carl Gundelach (19). Die bronzene Figur wurde im Zweiten Weltkrieg für die Metallsammlung demontiert, die beschädigte Architektur in den Nachkriegsjahren an Ort und Stelle zu Kantensteinen verarbeitet. Damit war, nachdem die 1904 in der Masch in Verlängerung der Geibelstraße aus Spenden der Studentenschaft errichtete Bismarcksäule (20) bereits 1935 bei der Anlegung des Maschsees beseitigt worden war, nun auch das andere den welfischen Kreisen stets verhaßte Denkmal verschwunden.

Das Provinzialmuseum und die bereits erwähnten Kasernen waren nicht die einzigen Bauwerke, mit denen Preußen und das neue Reich bauliche Akzente im Stadtbild setzten. Derselbe Hubert Stier, der den würdevoll repräsentativen Kuppelbau des Provinzialmuseums entworfen hatte, war auch Architekt des von der Königlich Preußischen Eisenbahndirektion zwischen 1876 und 1879 veranlaßten Neubaus des Hauptbahnhofs. Fast gleichzeitig entstand die imposante Hauptpost (60) und 1911 bezog die Oberpostdirektion ihren aus einem neuen Stilempfinden gestalteten Bau an der Zeppelinstraße. Hinter dem Bahnhof, an der Haller Straße, war 1880–1882 der im Krieg zerstörte Justizpalast entstanden, dem 1912 ein zweiter am Volgersweg gegenübergestellt und mit dem alten durch die »Juristenlaufbahn« verbunden wurde. Die Deutsche Militärdienstversicherung hatte 1892–1894 am Theaterplatz 1 das heutige Nebengebäude der Deutschen Bank in der Rathenaustraße, und die Reichsbank, die jetzige Landeszentralbank, 1894/1896 ihre imposante Filiale am Georgsplatz gebaut. Die Polizeidirektion erhielt 1903 an der Hardenbergstraße ihr neues Domizil im Stil eines wehrhaften Schlosses der deutschen Renaissance. Ihr gegenüber wurde 1910 die Oberzolldirektion, heute Oberfinanzdirektion, fertiggestellt. In der Maschstraße entstand die Landesversicherungsanstalt, heute Sitz des Landkreises Hannover.

Die ersten preußischen Jahrzehnte hatten Hannover also eine beträchtliche Anzahl von Bauten beschert, die einerseits den Geist der neuen Zeit verkörperten, in der zu leben bekanntlich eine Wonne war, und die andererseits den mit dem ständigen Wachstum der Stadt steigenden Bedürfnissen Rechnung trugen, so daß Stadtdirektor Heinrich Tramm 1907 auch in dieser Hinsicht »auf eine Periode reicher innerer Entwicklungen« zurückblicken konnte.

20 Bismarcksäule in der Masch mit patriotischer Kundgebung. Foto: 1919

21 Das alte Rathaus vor der Restaurierung. Links die Marktstraße, rechts hinten die Dammstraße. Foto: Um 1870

Politik gehört nicht ins Rathaus

Jahrhunderte hindurch war das schöne gotische Backstein-Rathaus am Markt als Sitz des Stadtregiments Herz und Mitte der Stadt gewesen (21). Und nun war es auf einmal zu klein. Denn die Stadt hatte nach der Vereinigung mit der Calenberger Neustadt und der 1859 erfolgten Eingemeindung der Vorstadt jetzt 268 Straßen mit 3720 Häusern und 53500 Einwohnern. Das waren etwa zehnmal soviel wie 1455, im Jahr der Fertigstellung des Rathauses, in Hannovers Mauern gelebt hatten. Und das Stadtgebiet war von 80 ha auf 2354 ha, also fast um das 30fache, gewachsen. Infolge dieser Entwicklung und aufgrund der Forderungen der Zeit waren viele neue Aufgaben und Probleme auf die seit 1858 nach der »Revidierten Städteordnung für das Königreich Hannover« tätigen städtischen Kollegien zugekommen, so daß notwendigerweise nicht nur die Zahl der Magistratsmitglieder und Bürgervorsteher, sondern auch die der anderen städtischen Bediensteten anstieg.

Der Magistrat sah sich gezwungen, nach anderen ausreichenden Räumlichkeiten Ausschau zu halten. Er fand sie im Wangenheim-Palais an der Friedrichstraße, das die Stadt mit den benachbarten Gebäuden 1862 von der Krone erworben hatte. Erneut geriet das nicht im besten baulichen Zustand befindliche alte Rathaus in Gefahr. Die schon um 1840 gefaßten Pläne, es durch Neubauten zu ersetzen, waren glücklicherweise wieder in den Schubladen verschwunden, nachdem 1844 anstelle des schmuckreichen Apothekenflügels der von August Heinrich Andreae im ravennatischen Stil gehaltene, sogenannte »Dogenpalast« fertiggestellt war, der weder dem mittelalterlichen Bau zur Zierde gereichte noch bei den Hannoveranern Gnade fand. Auch diesmal kam die Rettung des nun offenbar endgültig dem Untergang geweihten Rathauses wieder aus der Bürgerschaft. Verschiedene Vereinigungen, darunter vor allem der Architekten- und Ingenieurverein, drängten die Stadt wiederholt, Sanierungsmaßnahmen zu ergreifen, so daß die städtischen Kollegien schließlich 1875 den Beschluß faßten, den Neugotiker Conrad Wilhelm Hase mit der Aufgabe zu betrauen. 1882 konnte Hase die Arbeiten »in stilechter Form« vollenden. Gemeinsam mit Hermann Schaper, der den Ratskeller ausgemalt und die Wandgemälde des Rathaussaales geschaf-

22 Rathaus am Friedrichswall. Postkarte. Um 1905

fen hatte, erntete er viel Lob, und allerseits wurde anerkannt, »daß somit das werthvollste Denkmal der mittelalterlichen Profan-Architektur Hannovers und zugleich eines der werthvollsten im Gesamtgebiete des norddeutschen Backsteinbaus erhalten sei«.

Auf dem ebenfalls hergerichteten Marktplatz wurde der von Bürgern zum Andenken an die Rettung des Rathauses gestiftete bronzene Marktbrunnen aufgestellt, eine Gemeinschaftsarbeit des Architekten Hase, der den Aufbau entwarf, und des Bildhauers Wilhelm Engelhard, der die Blumen- und Fischverkäuferinnen modellierte. 1891, nach Fortsetzung des Durchbruchs der Grupenstraße bis zur Friedrichstraße, konnte Hase den in enger Anlehnung an das Vorhandene errichteten Erweiterungsbau des Alten Rathauses fertigstellen.

Nach dem Abschluß der Renovierungsarbeiten wurde das Alte Rathaus auch wieder von städtischen Dienststellen genutzt. Im Marktflügel hatte bis 1913 das Bürgervorsteherkollegium seine Räume; im »Dogenpalast« saß mit anderen städtischen Dienststellen das Stadtbauamt. Doch der Magistrat und die Mehrzahl der städtischen Ämter hatten 1862 das Wangenheim-Palais in der Friedrichstraße bezogen (22). Damit war jene für die mittelalterliche Stadt charakteristische Einheit von Rathaus, Markt und Hauptkirche aufgegeben.

Das von Laves 1829/30 im klassizistischen Stil für den Hofmarschall von Wangenheim erbaute Palais lag an einer der repräsentativsten Straßen am Rande der Stadt. Wie die Georgstraße war auch die Friedrichstraße, benannt nach Friedrich Herzog von York und Bischof von Osnabrück, einem Sohn Georgs III., auf den abgetragenen Befestigungswerken als breite, mit vier Baumreihen bepflanzte Promenade angelegt worden. Mit seinem Gewächshausanbau von 1845 – allgemein »Goldener Balkon« genannt – schaut das Wangenheim-Palais auf einen Platz, der im Volksmunde den unerklärlichen Namen »Himmelreich« führt. Zur Jahrhundertwende erhielt auch das »Himmelreich« seinen obligatorischen Monumentalbrunnen, der als Ergänzung zu der weiter westlich stehenden, auf unserer Postkarte nicht abgebildeten pompösen Wasserkunst (7) gedacht war. Karl Gundelach war für die vier Delphine, die die Brunnenschale samt Obelisken und Nixen trugen, und die vier wasserspeienden Ungeheuer: Wassermann, Krokodil, Drache und Molch verantwortlich. Gundelachs Geschöpfe wurden im Kriege eingeschmolzen; die Brunnenschale kam nach dem Krieg auf den Klagesmarkt.

In dieser einladenden Umgebung, in diesen Gebäuden, die Zurückhaltung und Würde atmeten, wurden die Geschicke der Stadt, wurde ihre Entwicklung zum Wohl und Nutzen ihrer Bürger und Bewohner bestimmt. Regiert und verwaltet wurde bis zum Ende des Ersten Weltkrieges nach der 1858 von der Allgemeinen Ständeversammlung verabschiedeten »Revidierten Städteordnung für das Königreich Hannover«. Diese hart umkämpfte »Revidierte«, die den 48er Geist ihrer Entstehungszeit kaum noch erkennen ließ, war ein Rahmengesetz, das den Städten erlaubte, zur Regelung lokaler Bedürfnisse und Besonderheiten Ortsstatute zu erlassen. Sie hatte dem Magistrat (23) eine vorherrschende Stellung eingeräumt, denn er war »in allen städtischen Angelegenheiten die einzige ausführende und verwaltende Behörde« und »zugleich Organ der Staatsgewalt«.

23 Magistratssitzung am 3. Dezember 1901 im Rathaus Wangenheim-Palais. (Bei den nicht rechtskundigen bürgerlichen Senatoren ist der Beruf hinzugefügt.) 1. Wilhelm Dieterich, Fabrikant; 2. Dr. jur. Ernst Bauer; 3. August Klug, Beeidigter Immobilienschätzer; 4. Adolf Droop, Fabrikant; 5. Dr. phil. Adolf Glackemeyer, Bankdirektor; 6. Albert Knoevenagel, Fabrikant; 7. Syndikus Hans Eyl; 8. Ferdinand Wallbrecht, Kgl. Baurat; 9. Stadtdirektor Heinrich Tramm; 10. Gustav Fink; 11. Heinrich Brauns, Fabrikant; 12. Stadtbaurat Georg Bokelberg; 13. Ernst Hillegeist, Fabrikant; 14. Dr. jur. Adolf Plathner; 15. Hans Grote; 16. Dr. jur. Wilhelm Mertens; 17. Ernst Jaques; 18/19. Stadtsekretäre Wilhelm Heidermann und Karl Starcke. Foto: R. Freundt

24 Mitglieder des Bürgervorsteherkollegiums (BV) und des Magistrates (S.) 1. Theodor Borchers, Rentier (BV); 2. Julius Jungk, Fabrikant (BV); 3. Theodor Haasemann, Fabrikant (BV); 4. Wilhelm Orgelmann, Architekt und Maurermeister (BV); 5. Stadtbaurat Georg Bokelberg (S.); 6. Albert Knoevenagel, Fabrikant (S.); 7. Stadtsekretär Wilhelm Heidermann; 8. Friedrich Remmer, Architekt (BV); 9. K. Fr. Wilhelm Weber, Architekt (BV); 10. Claudius Bojunga, Bürgervorsteherwortführer; 11. Stadtdirektor Heinrich Tramm; 12. Georg Chr. Becker, Kaufmann (BV); 13. Georg Lehzen, Hauptlehrer (BV); 14. Theodor Krüger, Betriebsdirektor d. Hann. Straßenbahn (BV); 15. Stadtsekretär Karl Starcke; 16. August Basse, Bankdirektor, BV-Vizewortführer; 17. Friedrich Lippmann, Oberschaffner a. D. (BV); 18. Louis Lampe, Kohlenhändler (BV); 19. Adolf Droop, Fabrikant (S.); 20. Dr. jur. Adolf Plathner (S.); 21. Bernhard Jacob, Buchdruckereibesitzer (BV); 22. Dr. phil. Adolf Glackemeyer (S.); 23. Emil Rumann, Weinhändler (BV). Foto: 22. Januar 1896

Der Magistrat bestand 1907, als Hannover 277000 Einwohner zählte, aus dem Stadtdirektor, dem Stadtsyndikus, acht rechtskundigen und zehn bürgerlichen Senatoren. Die Mitglieder dieses Kollegiums wurden von den vorhandenen Magistratsangehörigen und einer gleichen Anzahl Bürgervorstehern in gemeinsamer Sitzung sämtlich auf Lebenszeit gewählt. An ihrer Spitze stand der Stadtdirektor.
Die vorherrschende Stellung, die der Magistrat aufgrund der Revidierten Städteordnung ohnehin schon einnahm, konnte in Hannover durch die Wahl qualifizierter und in der Regel fortschrittlich gesinnter Mitglieder wesentlich gefestigt und ausgebaut werden. Was unter den Stadtdirektoren Hermann Rasch (1854–1882) und Ferdinand Haltenhoff (1882–1890) vorbereitet wurde, trug in der Amtszeit Heinrich Tramms (1891–1918) reiche Früchte: die später als »klassisch« bezeichnete Epoche kommunaler Selbstverwaltung. Die Stadtdirektoren haben aufgrund ihrer starken Stellung in der mit der »Revidierten« geschaffenen Magistratsverfassung vor allem seit der Reichsgründung die Entwicklung der Stadt im Positiven wie im Negativen entscheidend geprägt. Ihr Leitziel war letztlich die an der Sache orientierte, unparteiische Verwaltung, die sie auch oft gegenüber den gesellschaftlichen Gruppen durchsetzten, die sie gewählt hatten und mit denen sie verkehrten. Sie verstanden ihre Aufgabenerfüllung insofern als unpolitisch, weil diese aufgrund der Struktur und der Zusammensetzung des Bürgervorsteherkollegiums parteipolitisch nur wenig beeinflußt wurde oder werden konnte, so daß vor allem Tramms Maxime »Politik gehört nicht ins Rathaus« sowohl als Ausdruck dieser Verhältnisse wie auch zugleich als Abwehr der vor der Tür stehenden parteipolitischen Forderungen nach Mitwirkung aller mündigen Bürger verstanden werden kann.
Die Vertretung der Stadtgemeinde bildete das Bürgervorsteher-Kollegium (24), dessen Mitgliederzahl nach den Eingemeindungen von 1907 auf 36 erhöht worden war. Vorsitzender des Bürgervorsteher-Kollegiums und damit Leiter seiner Versammlungen war der Bürgervorsteher-Wortführer. Die Bürgervorsteher wurden von den stimmberechtigten männlichen Bürgern, die in der Stadt ihren Wohnsitz hatten und einen bestimmten Mindestsatz an Steuern zahlten, auf sechs Jahre aus ihrer Mitte gewählt. Wählen durften aber nur diejenigen Männer, die ein ererbtes, verliehenes oder durch Zahlung des Bürgergewinngeldes erworbenes Bürgerrecht besaßen. Das waren im Jahre 1912: 6502 Hausbesitzer, 924 Bürgerkinder, 357 Ärzte, Rechtsanwälte und andere freiberuflich Tätige, 260 sonstige »Vollbürger«, 108 alte Innungsmeister, 2722 Beamtenfreibürger, 475 politische Kaufbürger – unter denen lediglich 97 Gewerbegehilfen und Arbeiter sowie 55 Privatangestellte waren. Angesichts dieser Zahlen und der statistischen Angaben aus dem Herbst 1907, nach denen die Stadt damals 277000 Einwohner, 65000 Steuerzahler, aber nur gut 10000 »Bürger« hatte, und vor dem Hintergrund des für die Wahlen zum Deutschen Reichstag praktizierten allgemeinen gleichen Wahlrechts erschienen die Wahlrechtsbestimmungen für das Bürgervorsteherkollegium geradezu als Anachronismus. Denn zur Reichstagswahl am 25. Januar 1907 waren 57902 männliche Hannoveraner wahlberechtigt. Und von den 50433, die gültige Stimmen abgegeben hatten, wählten 45,8 Prozent den Redakteur August Brey von der Sozialdemokratischen Partei, 21,2 Prozent den nationalliberalen Senator August Fink, 19,3 Prozent den Obermeister der Klempner- und Installateurinnung Harry Plate, der für den Mittelstand kandidierte, und 13,4 Prozent den der Welfenpartei angehörenden Klempnermeister Lutz. Der Rest fiel auf Splittergruppen.
Aus dieser Gegenüberstellung wird deutlich, daß das Bürgervorsteher-Kollegium im Grunde nicht für sich in Anspruch nehmen konnte, die gesamte Einwohnerschaft zu repräsentieren. Doch obgleich aus heutiger Sicht nichts anderes als ein mittelständisches Honoratioren-Parlament, trat es dem Magistrat verfassungsmäßig als Vertreter des gesamten Gemeinwesens gegenüber.
Wenn auch in den offiziellen Verzeichnissen der Bürgervorsteher diese nie mit irgendwelchen Hinweisen auf eine Zugehörigkeit zu Parteien oder örtlichen Interessenvertretungen, sondern stets nur mit Angabe ihres Berufes und ihres Wahldistriktes genannt wurden, so hat es dennoch parteipolitische Strömungen innerhalb des Kollegiums gegeben.
Das begann sofort nach 1866, als sich die Hannoveraner in Gegner und Befürworter der preußischen Annexion spalteten und damit in Hannover die schnelle Bildung und Festigung zweier Parteien, der welfischen und der nationalliberalen, bewirkten. Im Bürgervorsteherkollegium hatten die Welfen bis 1886 die Mehrheit, im Magistrat offenbar von Anfang an die Nationalliberalen.
Ob und wieweit später auch andere politische Richtungen im Bürgervorsteherkollegium vertreten waren, ist bislang noch nicht erforscht. Es gilt aber als sicher, daß in Hannover die in anderen großen Städten sichtbare Entwicklung der bürgerschaftlichen Vertretungen vom Honoratioren-Parlament zur Volksvertretung bis zur Revolution von 1918 nicht stattgefunden hat. Denn nach dem Adreßbuch von 1917 gehörten dem Bürgervorsteherkollegium 2 Beamte, 3 Rentiers, 3 Fabrikanten, 3 Rechtsanwälte, 3 Landwirte, 4 Architekten, 8 Kaufleute und 10 Handwerksmeister an, so daß im Bürgervorsteherkollegium immer noch ausschließlich dieselbe Schicht vertreten war wie ein halbes Jahrhundert zuvor.
In das ebensowenig zeitgemäß, nämlich nach dem Dreiklassenwahlrecht zustande kommende Preußische Abgeordnetenhaus, entsandte Hannover, da sich die Welfen, um keinen Eid auf die preußische Verfassung ablegen zu müssen, hierbei sehr zurückhielten, seit 1867 nationalliberale Abgeordnete, darunter von 1885 bis 1891 den Senator und Syndikus Heinrich Tramm. Einem hannoverschen Sozialdemokraten, nämlich Robert Leinert, gelang erst 1908 der Einzug ins preußische Abgeordnetenhaus.
Daß die Ergebnisse der Reichstagswahlen ein ganz anderes Bild ergaben, wurde oben angeschnitten. Zu den ersten Wahlen zum Reichstag des Norddeutschen Bundes waren 1867 neben den Welfen und Nationalliberalen auch im

25 Leichenzug des 1906 verstorbenen SPD-Reichstagsabgeordneten Heinrich Meister. Postkarte

Wahlkreis VIII Hannover-Linden zum erstenmal die Sozialdemokraten angetreten; sie erlangten immerhin fast 8% der Stimmen. Der Wahlkreis fiel an den welfischen Abgeordneten und konnte von den Welfen auch in den folgenden sechs Wahlen gehalten werden. 1884, noch während des Sozialistengesetzes, gewann ihn der sozialdemokratische Zigarrenarbeiter Heinrich Meister (25), und zwar in der Stichwahl mit Unterstützung der Nationalliberalen, in den folgenden Stichwahlen jedoch mit Unterstützung der Welfen. Auf diese Weise gelang es ihm, den Wahlkreis bis nach Aufhebung des Sozialistengesetzes 1890 zu halten, um ihn dann mit tatkräftiger Hilfe des im gleichen Jahr im Ballhof wieder ins Leben gerufenen sozialdemokratischen »Wahlvereins« und der neuen Parteizeitung »Volkswille« fortan mit absoluter Mehrheit für die Sozialdemokraten zu gewinnen, die es jetzt nicht mehr nötig hatten, ihre politische Arbeit in den »Untergrund« zu verlegen, in Arbeitersportvereine, Gesangsgruppen, in die Eilenriede oder das Davenstedter Holz. Als der beliebte Abgeordnete Heinrich Meister 1906 starb, gaben ihm Zehntausende das letzte Geleit (25).
Die unangefochtene Stellung, die Meister den Sozialdemokraten errungen hatte, konnten diese auch mit dem »Nichthannoveraner« August Brey behaupten. Schon in den Reichstagswahlen der Jahre 1906/07 erhielt Brey mehr Stimmen als alle anderen Kandidaten zusammen. Dasselbe Ergebnis hatten die Reichstagswahlen vor dem Ersten Weltkrieg, in denen die Nationalliberalen zugunsten der verhältnismäßig kleinen Fortschrittlichen Volkspartei und ihres Kandidaten, des Justizrates Georg Lenzberg, auf einen eigenen Kandidaten verzichtet hatten, um durch die erhoffte Konzentration bürgerlicher Stimmen den Reichstagssitz zurückzugewinnen. Sie erhielten zwar 22 042 Stimmen, die aber zusammen mit den Stimmen der anderen bürgerlichen Parteien (Welfen: 9546, Mittelstand: 3899, Zentrum: 3024) die 43 755 Stimmen der absoluten Mehrheit von August Brey nicht erschüttern konnten, der den Wahlkreis Hannover-Linden unangefochten von 1906 bis 1932 hielt. Wesentlichen Anteil an diesen Wahlerfolgen hatte neben der allerdings wiederholten Verfolgungen ausgesetzten, dennoch sehr erfolgreichen Parteizeitung »Volkswille« die straffe Organisation der Sozialdemokratischen Partei, deren Mitgliederzahl in Hannover von 4173 im Jahr 1905 auf 19 112 im Jahr des Kriegsbeginns gestiegen war.

Aus Alt- und Neustadt

Während die letzten Jahrzehnte des 19. Jahrhunderts der Stadt Hannover vorwiegend außerhalb des verblichenen Kranzes der alten Wälle und Gräben ein neues, ein modernes Gesicht verliehen, trat die Altstadt mit der Calenberger Neustadt, beide inzwischen bis in den letzten Hinterhof hinein bebaut und vielfach kaum noch einladend, einen langen Kampf ums Überleben an. Die alte Stadt hatte ihre große Zeit hinter sich; die Zukunft wurde von der Peripherie her bestimmt. Aber das Leben ging auch im Schatten der Marktkirche St. Georg und St. Jacob weiter; sicher etwas geruhsamer, was ohne Zweifel den Vorteil hatte, daß sich das alte Stadtbild langsamer veränderte und viel von dem malerischen Reiz seines altertümlichen Gepräges bis in die alles vernichtenden Feuerstürme des Zweiten Weltkrieges hinein bewahren konnte.

Mit der Marktkirche (26), deren Turm das Wahrzeichen der Stadt war und ist, hatte um die Mitte des 14. Jahrhunderts Hannovers Bau- und Kunstgeschichte begonnen. Damals, zwischen 1349 und 1359, war es einer entschlossenen und opferbereiten Bürgerschaft gelungen, das Kirchenschiff mit seinem hohen Dach sowie den Turm bis zum vierten Stockwerk in einem Zuge aufzuführen. Dann waren »die Bauleuthe müd und im Säckel kranck worden«. Aus dem geplanten Turmabschluß, wie ihn etwa gleichzeitig Lüneburgs Johanniskirche erhielt, wurde nichts. Aber die Bauleute machten aus der Not eine Tugend. Sie setzten auf die sich zwischen den Turmgiebeln kreuzenden Satteldächer ein Reitertürmchen, das nicht nur die Gestalt des Hauptturmes wiederholte, sondern mit seinem Helm auch andeutete, wie der eigentliche Turmabschluß hatte aussehen sollen. Die strenge Schönheit des für die damals kleine Stadt imposanten Backsteinbauwerkes, des südlichsten in Niedersachsen, kam jedoch erst voll zur Geltung, als der mit der Restaurierung der Kirche beauftragte Stadtbaumeister Ludwig Droste Mitte des 19. Jahrhunderts die letzten Bauten entfernen ließ, die sich im Lauf der Jahrhunderte schutzsuchend an das mächtige Mauerwerk gelehnt hatten. Dabei erhielt die Kirche auch das im 17. Jahrhundert zugemauerte repräsentative Portal im Untergeschoß des Turmes zurück. Im Innern mußte die barocke Ausstattung, einschließlich des von Johann Duve 1663 gestifteten Altars, einer neogotischen weichen, die von der architektonischen Klarheit der Raumgliederung nicht mehr viel erkennen ließ. 1893 malte Herman Schaper die Kirche aus (27).

An der Marktkirche wirkte von 1824 bis 1875 eine der außergewöhnlichsten Gestalten der hannoverschen Kirchengeschichte: Pastor Hermann Wilhelm Bödeker (28), ein

26 Marktkirche durch die Köbelingerstraße gesehen; rechts der »Dogenflügel« des Alten Rathauses. Foto: Um 1890

27 Innenansicht der Marktkirche. Foto: Karl F. Wunder. 1909

Geistlicher, der seinen Verkündigungsauftrag mehr in praktischer Nächstenliebe als in theologischer Gelehrsamkeit sah und seine Kirche mit lebensnahen Predigten zu füllen verstand. Aus seiner frischen und frohen dem Rationalismus entsprungenen Frömmigkeit versuchte er das Ideal des Landpastors, des guten Hirten, der sich um jedes einzelne seiner Schafe sorgte, in die Stadt zu übertragen. Von Natur aus gutmütig, hilfsbereit, umsichtig und geschäftig war er – den die Spötter »Reichsfechtmeister« nannten – unentwegt am Bitten und Sammeln, um die Not der Armen und Bedrängten zu lindern, machte dabei auch vor dem Hofe nicht halt: »Ich bitte nicht um Überfluß und Schätze dieser Erden; Laß mir, soviel ich haben muß, durch Königs Gnade werden. Ich muß aber 10 Thaler haben.« Von seinen zwölf eisernen bittenden Engeln, die er in der Stadt aufstellen ließ, zeugen zwei noch heute auf den Friedhöfen Engesohde und Stöcken vom sozialen Sinn des Pastors. Zu Weihnachten beschenkte der Kinderlose die Kinder der Ärmsten. Eines jener Kinder ist noch heute auf seinem Denkmal an der Marktkirche zu sehen. Sogar im Norddeutschen Morgenpromenadenbeförderungsverein, den Bödeker mitbegründet hatte und der ihn morgens hinauszog zum Lister Turm, wo in geselliger Runde der Morgenkaffee eingenommen und Neuigkeiten ausgetauscht wurden, ließ er die Sammelbüchse kreisen, hier wohl auch gelegentlich zugunsten der deutschen Flotte oder zum Besten des Hermannsdenkmals, an dessen Monumentalfigur Ernst von Bandel zwischen 1863 und 1875 in Hannover schmiedete.

Obgleich Bödeker durchaus spürte, daß er wohl manchmal ein zu weltlicher Diener der Kirche war, und Georg V. ihm unverblümt gesagt hatte, er wäre besser nie Geistlicher geworden, blieb Bödeker seinem unvoreingenommenen Eifer treu. Er pflegte die Verbindungen zu reformierten, katholischen und jüdischen Amtsbrüdern, schrieb für die Zeitungen, bekannte sich bis 1848 zur großdeutsch-welfischen, dann immer stärker zur kleindeutsch-nationalliberalen Politik und wurde mit zunehmendem Alter als »Senior Bödeker«, zum gemeinnützigen »Organisator humanitärer Institute« schlechthin. Sein soziales Engagement war für das damalige Hannover beispiellos, und die von ihm geschaffenen oder angeregten sozialen Einrichtungen: die Bödekerkrippe und Warteschule, die Kinderheilanstalt, die Marienstiftung, das Sabbathaus, das Schwesternhaus, der Mäßigkeits- und der Tierschutzverein sowie vieles andere mehr, sicherten ihm, abgesehen von der noch zu seinen Lebzeiten nach ihm benannten Straße, einen bleibenden Platz in Hannovers Kirchen- und Sozialgeschichte. Schließlich hatte auch die vielgelesene »Gartenlaube« schon gegen Ende seiner Amtszeit über ihn geschrieben: »Er ist das Merkwürdigste in Hannover, und zwar aus dem einfachen Grunde, weil er ein Genie ist – ein Genie im Wohltun.«

28 Senior und Marktkirchenpastor Hermann Wilhelm Bödeker mit seiner Frau. Foto: Um 1870

29 Hinterhof in der Großen Duvenstraße 13. Foto: Friedrich Reinecke. 1900

Bödeker erlebte Jahrzehnte der Stadtgeschichte, in denen sich als Folge der Industrialisierung und des allgemeinen wirtschaftlichen Aufschwungs vor allem in Hannovers Altstadt ein sozialer Wandel abzuzeichnen begann. Familien des gehobenen und mittleren Bürgertums zogen seit der Jahrhundertmitte vielfach hinaus an den luftigeren und grünen Stadtrand. Ihre Altstadtwohnungen wurden aufgeteilt und wie alle Winkel, Löcher, Böden und Hinterhofbuden an sogenannte kleine Leute vermietet. In manchen Straßen begannen sich nicht nur hinter heruntergekommenen, sondern auch hinter bemerkenswerten Fassaden und romantischen Winkeln Armut, Not und Elend auszubreiten (29). Das soziale und wirtschaftliche Gefälle vom Stadtrand zur Altstadt entwickelte sich zu einem Problem für das Funktionieren des Stadtorganismus. Lösungsversuche unterschiedlichster Art wurden zur Rettung der Altstadt propagiert. Doch abgesehen vom schon erwähnten Ost-West-Durchbruch der Karmarsch- und Grupenstraße und der 1897 zwischen Oster- und Schillerstraße angelegten Limburgstraße blieb das im Mittelalter in Nord-Süd-Richtung entstandene und von den vier Straßenzügen der Burg- und Leinstraße, der Knochenhauer- und Köbelingerstraße,

30 Marktstraße. Rechts das Alte Rathaus, links die neue Marktwache von 1843, im Hintergrund die Aegidienkirche. Foto: Um 1870

31 Markttag in der Schmiedestraße. Foto: Karl F. Wunder. 1887

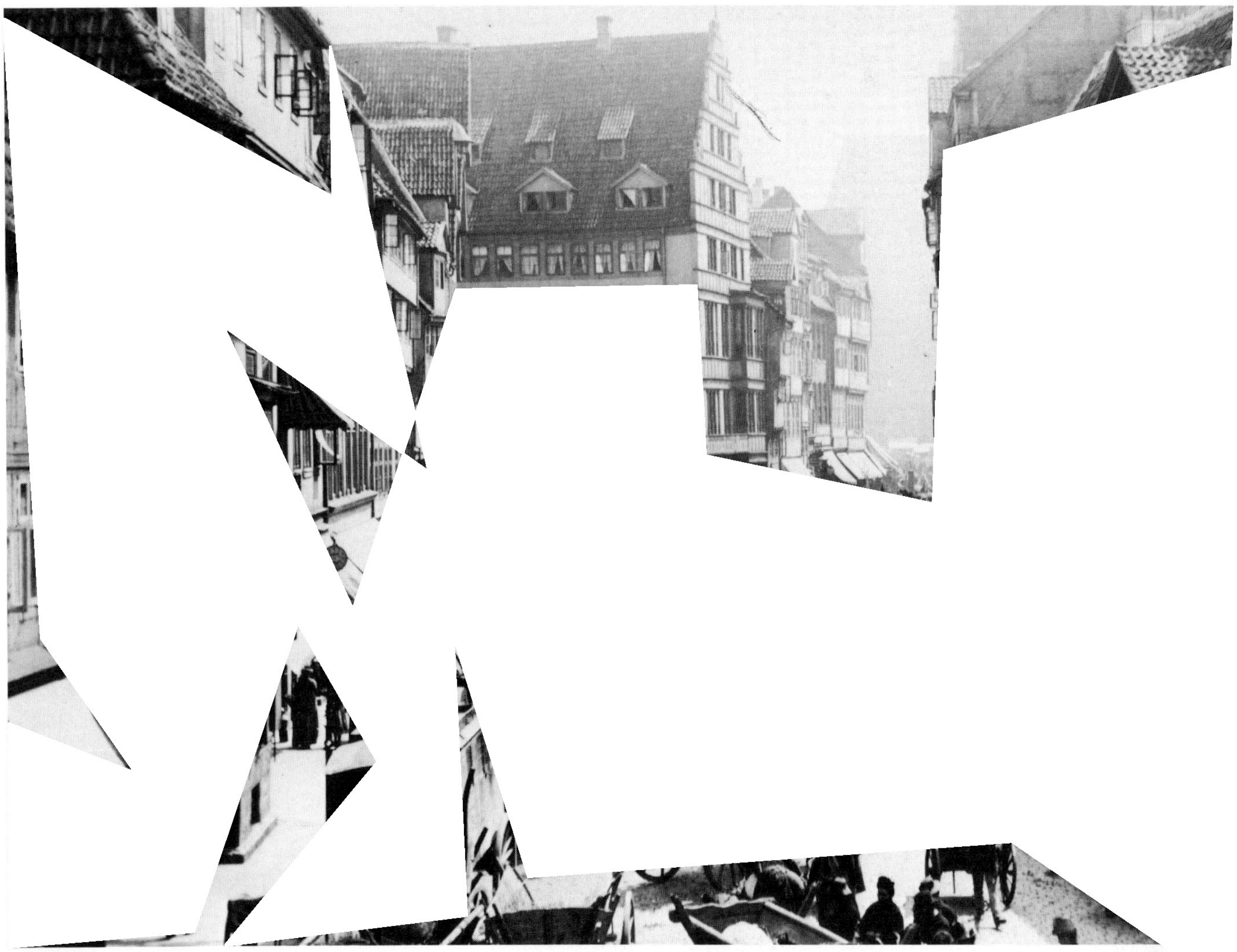

32 *Grupenstraße (heute: Karmarschstraße) mit Markthalle. Postkarte. Um 1910*

33 *Große Packhofstraße, Ecke Osterstraße. Postkarte. Um 1905*

der Schmiede- und Marktstraße (30), der Oster- und Breite Straße bestimmte Straßennetz erhalten. Erhalten blieb auch die Funktion der Altstadt, Markt für das Umland zu sein, allerdings unter gewandelten rechtlichen und wirtschaftlichen Verhältnissen. Denn das Wachstum der Stadt und die damit entstandene größere Nachfrage hatten eine derartige Ausweitung des Marktangebotes zur Folge gehabt, daß der historische Marktplatz dafür längst nicht mehr ausreichte. Da die in die angrenzenden Straßen ausweichenden Stände und die allenthalben abgestellten Frachtwagen und Karren zu unhaltbaren Verkehrsstörungen führten (31), beschloß der Magistrat 1888, durch den Bau einer Markthalle Abhilfe zu schaffen. Daß diese Markthalle in der wirtschaftlich schwachen Altstadt entstehen mußte, war von vornherein klar. Ebenso überzeugend erwies sich die Forderung des städtischen Bauamtes, zugleich mit dem Bau der Markthalle den weiteren Durchbruch der Grupenstraße in Richtung Friedrichstraße in Angriff zu nehmen. Nach knapp einjähriger Bauzeit konnte die von Stadtbauinspektor Paul Rowald nach dem Vorbild der Maschinenhalle auf der Pariser Weltausstellung in »Form eines von Galerien umgebenen Hauptschiffes« entworfene Halle, deren Eisenkonstruktion die hannoversche Firma Louis Eilers ausgeführt hatte, am 18. Oktober 1892 eröffnet werden, »an einem Tage, welcher durch ein sehr unbehagliches Gemisch von Regen und Schnee den Händlern wie den Käufern die Nützlichkeit der neuen Einrichtung in erwünschter Weise klarmachte« (32). Da infolge des großen Andranges die Standplätze in der Markthalle offenbar im Handumdrehen vergeben waren, mußte der Magistrat schneller als gewollt den Marktverkehr unter freiem Himmel wieder zulassen. Was unter freiem Himmel verkauft werden durfte, regelte die Marktordnung.

34 Osterstraße, Ecke Kleine Packhofstraße. Foto: Um 1895

Marktzeit war auf dem Altstädter Markt und bei Bedarf auch in der Schmiedestraße dienstags und sonnabends von 7 bis 13 Uhr. Marktbuden und Tische mußten so aufgestellt werden, daß die Trottoirs für den Fußgängerverkehr frei blieben. Besondere Hinweise gab es für die geparkten Fahrzeuge der Marktbeschicker. Denn wer vom Lande kam, um auf dem Altstädter Markt seine Erzeugnisse aus Hof und Garten, Feld und Flur anzubieten, der mußte ja irgendwo mit Pferd und Wagen bleiben. Das Pferd kam bei Johannknecht in der Osterstraße oder bei einer anderen Ausspannwirtschaft in den Stall, der Wagen auf die Osterstraße. Um den dort offenbar entstehenden »Parkproblemen« entgegenzuwirken, enthielt das Adreßbuch für 1900 folgende Vorschrift: »Aus den Wagen, welche an Markttagen auf den Straßen längere Zeit ausgespannt stehen, sollen die Deichseln genommen und die Wagen so aufgestellt werden, daß der Raum vor den Hausthüren auf der Fahrtstraße in entsprechender Breite frei bleibt; es genügt daher nicht, die Deichsel in die Höhe zu richten oder die Wagen mit der Deichsel ineinander zu schieben.«

War der Markt zu Ende, wurde von den Händlern ihrerseits noch manche Mark umgesetzt. Denn es mußte für zu Hause eingekauft werden. Man ging dann zwar auch in die großen Warenhäuser in Packhof- und Georgstraße (33), blieb aber hauptsächlich den bekannten Läden in der Altstadt treu. Bei Pfannenschmid & Nonne gab es wohlfeil »Band-, Garn- und Strumpfwaren en gros et en detail«. Kolonialwaren in bekannter Güte boten Karl Capelle in der Schmiedestraße und H.C. Trage in der Osterstraße an (34). Den feinen röstfrischen Kaffee holten jedoch viele vom anderen Ende der Altstadt, von Ernst Grote, der seine renommierte Kaffeerösterei gegenüber der Aegidienkirche in der »Alten Kanzlei«, einem mit seinem hohen Treppengiebel alle Häuser der Nachbarschaft überragenden Ziegelbau aus der Mitte des 16. Jahrhunderts, betrieb. Daß viele nach anstrengenden Marktstunden, in denen sie sich die Kehlen trocken geredet hatten, noch schnell auf ein Helles und einen Klaren bei einem der zahllosen Destillateure, Gastwirte oder Restaurateure eintraten, war verständlich. Außerdem stand die Rumpelei über die holprigen und staubigen Landstraßen

35 »Alte Kanzlei«, Osterstraße, Ecke Breite Straße. Foto: Georg Alpers. 1903

36 Leibnizhaus mit Kaiserstraße und Turm der Kreuzkirche. Foto: Um 1910

noch bevor. Und wenn es einmal mehrere Helle und Klare wurden, machte es auch nichts, die Pferde kannten ihren Weg sowieso.

Am Rande dieser Marktgeschäftigkeit stand in der Schmiedestraße an der Ecke zur schmalen Kaiserstraße ein bemerkenswertes Haus (36). Der offenbar gut durch den Dreißigjährigen Krieg gekommene Oberkriegssekretär von Lüde hatte es sich zwischen 1648 und 1652 errichten und die dem Fachwerkbau vorgesetzte Steinfassade mit ihrem Staffelgiebel und dem dreistöckigen Erker durch den Bildhauer Peter Köster mit reichem figürlichem Schmuck versehen lassen. Dieses Patrizierhaus, nach seinem späteren berühmten Bewohner »Leibnizhaus« genannt, war das bedeutendste Beispiel bürgerlich barocken Bauens in Hannover.

Während der weltberühmte Gelehrte vier Jahrzehnte in der Enge der kleinen Residenz ausgeharrt hatte, kehrte ihr der 1759 im Leibnizhaus geborene Wilhelm Iffland, der spätere Generaldirektor der Königlichen Schauspiele in Berlin, schon im jugendlichen Alter den Rücken. Seinen Namen bewahrt der Ifflandring, den der von 1838 bis 1845 auch in Hannover engagierte Schauspieler Theodor Döring mit der Legende weitergab, dieser Ring sei von Iffland für den jeweils bedeutendsten deutschsprachigen Schauspieler bestimmt.

Seine kunstgeschichtliche Bedeutung und seine enge Verbindung mit zwei großen Namen der deutschen Geistes- und Kulturgeschichte bewahrten das Leibnizhaus 1844 vor der drohenden Verunstaltung durch den Einbau von Schaufenstern. König Ernst August erwarb das traditionsreiche Haus für die Krone. Gegen Ende des 19. Jahrhunderts renovierte der Kunstgewerbeverein das inzwischen heruntergekommene Haus und eröffnete in seinen Räumen, in denen u.a. Leibniz' nachgeschaffenes Wohn- und Sterbezimmer zu besichtigen war, ein Kunstgewerbemuseum. Am 26. Juli 1943 sank Hannovers kostbarstes Juwel der Baugeschichte bis auf den Erker in Schutt und Asche. Unentwegter Eifer schaffte in den letzten Jahrzehnten mit Hilfe der wenigen Bauteile, die den Krieg überdauerten, die Voraussetzungen für eine Rekonstruktion der Fassade. Da an der Stelle des alten Leibnizhauses 1965 eine Hochgarage eröffnet wurde, ist als Standort für das »neue« Leibnizhaus der Holzmarkt vorgesehen.

37 Zeughaus und Beginenturm mit dem alten Stadtlazarett. Foto: Karl F. Wunder. Vor 1886

Damit wird das »neue« Leibnizhaus in der Nähe der erhalten gebliebenen Mauerreste des alten Zeughauses stehen, das, angelehnt an die Stadtmauer und den Beginenturm von 1357, nur wenige Jahre vor dem alten Leibnizhaus fertiggestellt worden war (37). Bis 1849 hatte das Zeughaus der hannoverschen Armee als Arsenal gedient, 1887 wurde es, inzwischen im Besitz der Stadt, an seiner Nordseite um etliche Meter verkürzt und die Roßmühle wieder bis zum Hohen Ufer durchgeführt. Bereits 1950 wurden Zeughausruine und Beginenturm, der einzige noch erhaltene Turm der mittelalterlichen Stadtbefestigung, in die ersten Planungen für ein in ihrer unmittelbaren Nachbarschaft vorgesehenes Geschichtsmuseum einbezogen, das dann anderthalb Jahrzehnte später als »Historisches Museum am Hohen Ufer« seine Tore öffnete.

Dieses Museum steht am hohen Ufer der Leine, am Rande der Altstadt Hannovers, die dieser Lage ihren Namen verdankt, denn aus »to den hogen Overen« ist über das mittelalterliche »Hanovere« das heutige »Hannover« geworden. Wo hinter dem »Zeughaus« seit einigen Jahren eine buntgepflasterte Uferpromenade zum Flanieren einlädt, verlief einst der Weg zur Pferdeschwemme in die Leine (38). An die Gepflogenheit, die Zugpferde hier zum Baden in die Leine hinunterzuführen, erinnert das 1957 von Hermann Scheuernstuhl geschaffene Standbild »Mann und Pferd«, vom Volksmund auch Gaulleiter-Denkmal genannt. Die Pferdeschwemme war zugleich einer der beliebtesten Tummelplätze der Altstädter Kinder, die sonst nur in schmalen Straßen und dunklen, vollgestellten Hinterhöfen spielen konnten.

Dem hohen Ufer gegenüber, jenseits der Leine, die etwa von der Hardenbergstraße bis in die Höhe der Pferdestraße in zwei Armen verlief, deren westlicher nach dem Zweiten Weltkrieg zugeschüttet wurde, liegt die Calenberger Neustadt. Ihre unmittelbar aus der Leine aufsteigende Bebauung, die mit abwechslungsreichem Fachwerk und vorkragenden, von Efeu umrankten Balkons überaus malerisch wirkte, trug diesem alten Viertel, vor allem dem Inselbereich nördlich von Schloß- und Ernst-August-Straße, den Namen »Klein Venedig« ein (38, 39).

38 Pferdeschwemme in der Leine. Links die Neustadt, im Hintergrund die Marstallbrücke. Foto: Alfred Troschütz. Um 1925

39 An der Schloßbrücke. Foto: Friedrich Reinecke. 1901

40 *Neustädter Markt mit Blick in die Archivstraße. Links das Regierungsgebäude, hinten die Reformierte Kirche. Postkarte. Um 1905*

41 *St.-Clemens-Propstei-Kirche. Im Vordergrund die Goethestraße. Foto: Karl F. Wunder. 1887*

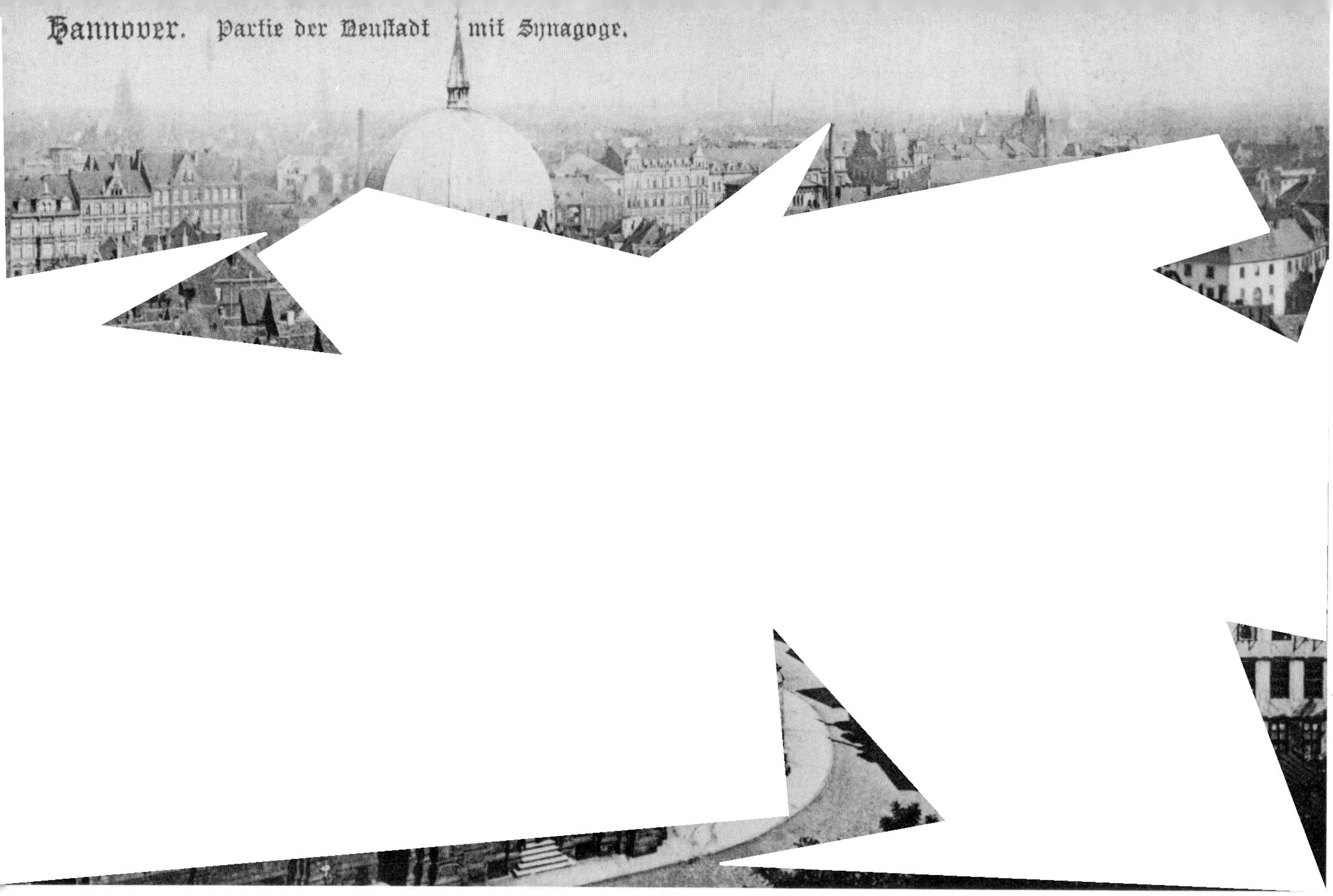

42 Synagoge auf der Neustadt. Postkarte. Um 1910

Die Neustadt, ursprünglich eine vor dem Leintor der Altstadt liegende Streusiedlung, war ausgebaut worden, nachdem Herzog Georg von Calenberg Hannovers Altstadt zu seiner Residenz gewählt hatte. Hier schaffte sich der Fortschrittswille seiner Nachfolger, was er zur Durchsetzung absolutistischer und merkantilistischer Politik für erforderlich hielt. So entstand hier in kleinerem Rahmen, was etwa gleichzeitig vor Hamburgs Millerntor als »Große Freiheit«, nämlich als Niederlassungsfreiheit für nichtzünftische Handwerker und nichtlutherische Konfessionen bekannt wurde.

Auf diese aus staatlichem Egoismus geschaffenen Voraussetzungen und Freiheiten gehen wesentliche bauliche Akzente zurück, die das Bild der Neustadt teils bis heute prägen. Dazu gehören, abgesehen von den Regierungsbauten Archiv und Bibliothek, in deren Nachbarschaft Herman Hunaeus zwischen 1837 und 1879 die Gebäude für die hannoverschen Ministerien bzw. das preußische Oberpräsidium errichtete, der Neubau der Reformierten Kirche gegenüber dem Archiv (40) vor allem aber die aus dem Anfang des 18. Jahrhunderts stammende St.-Clemens-Kirche. Nach dem jetzt im Historischen Museum befindlichen Originalmodell des Italieners Tommasio Giusti begonnenen, aber infolge Geldmangels nicht wie geplant ausgeführt (41), erhielt sie ihre, diesem Teil der Stadt etwas südländisches Flair verleihende zentrale Kuppel sowie die beiden Türme erst beim Wiederaufbau nach dem Zweiten Weltkrieg. Ein anderer, überaus bemerkenswerter Sakralbau war die von Edwin Oppler mittelrheinischen Dombauten nachempfundene Synagoge, die 1870 in Anwesenheit aller weltlichen und christlichen Würdenträger der Stadt eingeweiht werden konnte (42). Sie wurde wie zahlreiche Synagogen anderer deutscher Städte in der Reichskristallnacht des Jahres 1938 ein Opfer des braunen Terrors. Die lutherische Hof- und Stadtkirche St. Johannis verdankt ihre Entstehung dem Glaubenswechsel Johann Friedrichs. Denn der zum Katholizismus übergetretene Herzog mußte den aus der Schloßkirche verwiesenen Lutheranern einen Ersatz schaffen. Auf diese Weise entstand, ausgeführt durch Hannovers frühkapitalistischen Unternehmer, Johann Duve, zwischen 1666 und 1670 die erste Predigtkirche Norddeutschlands. Vor den Stufen ihres Altars wurde am Abend des 14. Dezember 1716 Gottfried Wilhelm Leibniz bestattet, den die Hannoveraner, die mit den großen Gedanken des Philosophen nicht viel anzufangen wußten, »Glövenix« genannt hatten, weil sie argwöhnten, der an den Bemühungen zur Wiedervereinigung der Konfessionen beteiligte Philosoph glaube an nichts. Seine Grabstätte deckt auch in der wiederaufgebauten Kirche eine Platte mit der Aufschrift »Ossa Leibnitii«.

Da Duve es verstanden hatte, bei vielen seiner Geschäfte Eigennutz und Selbstlosigkeit geschickt miteinander zu verbinden, konnte im Laufe der Jahrhunderte die Legende

43 Der Duve-Brunnen auf dem Neustädter Markt. Foto: Wilhelm Ackermann. Um 1920

von Duve als von einem Säemann sprechen, der großzügig gute Taten in der Stadt ausgestreut hatte. Dieser hartnäckigen Legende entsprang auch der Duve-Brunnen, für den der Heimatbund in mühsamer Werbung die Mittel zusammengebracht hatte. 1914 endlich, drei Jahre nach Duves 300. Geburtstag, wurde Georg Hertings »Säemann« inmitten der wasserverströmenden Schale auf dem Neustädter Marktplatz enthüllt (43). Der bis dahin dort plätschernde Brunnen (40) steht heute vor dem Leineschloß und Hertings Säemann blickt seit 1952 vom Leibniz-Ufer auf die Neustadt, inzwischen von Herbert Röhrig dahingehend interpretiert, Duve habe nicht hauptsächlich Wohltaten, sondern vor allem die Saat einer neuen freien Wirtschaftsgesinnung ausgestreut.

Es gab in Alt- und Neustadt vieles, was ebenso sehenswert wie merkwürdig war und dennoch hier nicht geschildert werden kann. Wer in der Altstadt oder in der Neustadt, die ja längst keine Neustadt mehr war, sein Auskommen hatte oder gar hier geboren war, liebte diese alte Stadt und ihre Straßen, die mit dem bunten Wechsel von Traufen und Giebeln über teils bedrohlich weit vorkragenden geschnitzten, bemalten oder schlichten Fachwerkfronten der hannoverschen Innenstadt das charakteristische Gepräge verliehen. Georg Schnath, der Nestor niedersächsischer Landesgeschichte, ein Altstädter Junge des Jahrgangs 1898, hat sich in seinen »Jugenderinnerungen« zu seiner Heimat im Herzen der Stadt bekannt: »Stefan George soll unsere Stadt irgendwo die fahlste aller Städte genannt haben. Es mag sein, daß unsere Leinestadt der lebhaften Farben ermangelt, die manche andere Stadtbilder, besonders im Westen und Süden des Vaterlandes, aufzuweisen haben. Aber für uns alte Stadthannoveraner leuchtete unsere Heimatstadt farbig und warm in unseren Herzen. Wie schön sah doch ... von des Marktturms Höhe die Altstadt aus, dies winklige Gewirr enger Straßen und steiler verkrümmter Ziegeldächer, die nun freilich ein etwas verwaschenes, zwischen Gelb, Braun und Grau spielendes Rot als Farbe aufweisen. Aber wie stolz schwangen sich die grünpatinierten Helme der alten Kirchen aus dieser buntgekräuselten Flut von Dächern und Giebeln über den langen Wellen der Straßenzüge. Wie klein unser mittelalterlicher Stadtkern war, wurde dem Blick aus dieser Höhe recht deutlich ... Unmittelbar unter sich hatte man in schwindelerregender Tiefe den Altstädter Markt, geteilt durch das Riesendach der Kirche, und ihm zur Seite den kantigen Block des alten Rathauses. Schaute man über seine gotischen Giebel hinweg in Richtung St. Aegidien, dann entdeckte das Auge nach einigem Suchen auch den First unseres alten Marktstraßenhauses und seine hohe massive Giebelrückwand nach der Köbelingerstraße zu. Unscheinbar wirkte dieser Ausschnitt des väterlichen Geweses dort aus der Höhe, aber der Blick umfing ihn mit all der Liebe, die diesem Erdenfleck und dem, was auf ihm stand, gebührte.«

Hannovers »City« entsteht

Gegen Ende des vergangenen Jahrhunderts war die von vielen ebenso geliebte wie von den Stadtvätern mit Sorge betrachtete Altstadt längst nicht mehr Kraftquell und Mittelpunkt städtischen Lebens. Neue Wirtschafts- und Verkehrsmöglichkeiten hatten im Zuge des nach der Reichsgründung einsetzenden Aufschwungs auch in Hannover zu einem rapiden Wachstum geführt, das die Stadt bereits 1873 mit 100000 Einwohnern zur Großstadt machte, an der Altstadt jedoch infolge fehlender Voraussetzungen vorübergegangen war. So entstand das neue Zentrum des modernen Hannover außerhalb der Altstadt, beinahe auf halbem Wege zwischen dem mittelalterlichen Markt und dem neuen Bahnhof oder genauer gesagt, an der Stelle, an der die Bahnhof- und die Karmarschstraße auf die Georgstraße treffen.

Von diesem wachstumsbedingten Strukturwandel der Stadt hatte wohl kaum jemand geträumt, als sich die Residenz ohne Hof Ende des 18. Jahrhunderts anschickte, durch die Bereitstellung von Bauland auf den abgetragenen Wällen attraktiver zu werden. Auf diese Weise entstand, etwas später als die Friedrichstraße, zwischen Aegidientor und Steintor die Georgstraße. Sie erhielt nicht nur ihren Namen nach dem in London residierenden König-Kurfürsten Georg III., sondern wurde auch von diesem, von der Regierung und vom Magistrat mit mancherlei finanziellen Anreizen ausgestattet, um Bauwillige zu ermutigen, sich hier am Rande der Stadt niederzulassen. Doch die bedächtigen Hannoveraner waren nicht so schnell zu bewegen, »nach draußen« an die auch als Promenade gedachte vornehme Wohnstraße zu ziehen, denn schließlich waren hier Massiv bauten vorgeschrieben, die wesentlich teurer kamen als die gewohnten Fachwerkhäuser. Erst nach dem Ende der Personalunion und der Rückkehr des Hofes belebte sich die Bautätigkeit, wobei allerdings Regierung und Magistrat vorausgingen. Innerhalb der beiden folgenden Jahrzehnte entstanden am Steintor, auf dem alten Gießhof, die Artilleriekaserne, an der Ecke zur Schillerstraße die 1857 gegründete »Hannoversche Bank«, an der Ecke zur Großen Packhofstraße die Militärbekleidungskommission, zwischen dieser und dem Ständehausgarten die Polytechnische Schule, schräg gegenüber Laves' reifstes Werk, das spätklassizistische Hoftheater, einen Steinwurf entfernt und noch ziemlich allein auf weiter Flur, das neue Haus der Calenberg-Grubenhagenschen Landschaft, am Georgsplatz das erste moderne Schulhaus Hannovers für das Gymnasium, seit 1912 in Anlehnung an eine frühere Bezeichnung »Schola senatoria Hannoverana« Ratsgymnasium genannt, und für das Realgymnasium, die heutige Tellkampfschule, gegenüber, neben dem alten Obergericht, das Schwurgerichtsgebäude. Die Baulücken zwischen diesen öffentlichen Gebäuden und den wenigen Privathäusern füllten sich nur langsam.

Erst als Bahnhofsbau und Eingemeindung der von Laves projektierten Ernst-August-Stadt die Georgstraße aus ihrer Rand- in eine Mittellage gerückt hatten, kam die Bebauung zügiger voran. Auf den jetzt bevorzugten, allerdings auch teurer gewordenen Grundstücken wuchsen Geschäfts-, Bank- und Bürohäuser empor, die lediglich in den Obergeschossen noch Wohnungen enthielten. Über die Nutzung dieser Geschäftshäuser schrieb der Architekt Hubert Stier, der dem Tapetenfabrikanten Brackebusch 1881 das Eckhaus an Georg- und Karmarschstraße gebaut hatte: »Für die in der besten Geschäftsgegend gelegene und dementsprechend theure Baustelle ... war eine möglichst vollkommene Ausnutzung zur Erzielung einer guten Verzinsung erste Bedingung. Das Gebäude erhielt daher ein zum Theil doppeltes Kellergeschoß, ein Erdgeschoß mit Zwischengeschoß und drei obere Stockwerke.« Neben einem Restaurant im Keller, den Läden und Kontoren im Erd- und Zwischengeschoß, bot das Haus im 1. und 2. Stock je eine »herrschaftliche Wohnung von 6 Front- und 3 Hinterzimmern nebst Küche, Speisekammer und Badezimmer« sowie im 3. Stock zwei kleinere Wohnungen und ein Fotoatelier.

Die schnelle Aufwärtsentwicklung des städtischen Wirtschaftslebens nach 1870 führte im Georgstraßenbereich dazu, daß die Bebauung um 1880 geschlossen war und viele vor der Jahrhundertmitte errichteten Bauten, wie Kaserne, Hannoversche Bank, Polytechnikum, Ober- und Schwurgericht, entweder abgebrochen, durch wirtschaftlicher zu nutzende Neubauten ersetzt oder entsprechend umgebaut wurden. Viele Häuser aus der Zeit der Erstbebauung hatten nur eine Lebensdauer von fünf bis sechs Jahrzehnten. Dennoch behielt die Georgstraße, vor allem in ihrem »vornehmen« Abschnitt zwischen Kröpcke, Oper und Aegi, viel von dem ihr einst zugedachten Promenadencharakter, nicht zuletzt dank der ausgedehnten Grünanlagen, die sie in diesem Bereich begleiteten.

Die Freude am gepflegten Grün und die Einsicht in seine Notwendigkeit innerhalb der Stadt begann sich 1890 mit der Schaffung des städtischen Gartenamtes endgültig durchzusetzen. Zu den ersten Grünanlagen, die jetzt von Julius Trip, dem befähigten Leiter des Gartenamtes, in Schmuckplätze umgewandelt wurden, gehörten auch Aegidientor-, Georgs- und Theaterplatz (44, 45, 46). Das vorhandene Grün dieser Plätze erhielt, teils unter Einbeziehung vorhandenen Baum- oder Buschbestandes nach Möglichkeit eine regelmäßige Gestalt, deren Rasenflächen durch Zierstrauchgruppen, exotische Pflanzen und klar gegliederte Blumenbeete verziert, vielfach ringsum mit Buchsbaumhecken, jedoch immer mit einer festen Einfriedigung vor dem unbefugten Betreten geschützt wurden. An verschiedenen Stellen, wie auf dem Aegidientorplatz, gab es Bänke zum Verweilen und geruhsamen Betrachten der Gartenkunst, an anderen Plätzen, wie dem Theaterplatz, konnte man den Teppichrasen mit seiner Bepflanzung nur lustwandelnd oder stehend genießen – so wie Wilhelm Engelhards bronzener Schiller es vor dem Gymnasium auf dem Georgsplatz tat (45). An die Bedürfnisse spielender Kinder dachte man damals noch nicht, denn es war streng verboten, den Rasen der jetzt in allen Stadtteilen als gute Stuben entstehenden Schmuckplätze zu betreten.

44 Aegidientorplatz mit Blick in die Georgstraße. Postkarte. Um 1910

45 Georgsplatz mit Schulgebäude, davor das Schillerdenkmal, dahinter der Turm der Gartenkirche. Foto: Georg Alpers jun. 1903

46 Blick vom Dach des Opernhauses auf den Theaterplatz mit »Mongolentempel«. Foto: Carl Thies. Um 1895

47 Königliches Hoftheater, rechts das Stromeyer-Denkmal. Foto: Um 1896

Nachdem sich jahrhundertelang der die Stadt passierende Süd-Nord-Verkehr im Zuge der Breiten Straße durch das Aegidientor gezwängt hatte, lud nun ein riesiger Platz außerhalb des alten Torbereiches zur Einfahrt in die Stadt (44). Trotz seiner Größe und der vielen Straßenbahngleise, die kreuz und quer über ihn hinwegführten, hatte der Aegidientorplatz Anfang unseres Jahrhunderts noch etwas Verbindendes. Fußgänger konnten ihn wie die anderen Verkehrsplätze der Stadt ungefährdet passieren. Ohne von dem noch mäßigen Verkehr der Fuhrwerke und Elektrischen behindert zu werden, wandelten sie unbehelligt von der Hildesheimer quer über den Platz in die Georgstraße, um sich auf deren Geschäftsseite von den Auslagen verführen zu lassen oder aber auf der Promenadenseite mit einem Blick auf den eben fertig gewordenen Neubau der »Hannoverschen Bank« am Georgsplatz, im Schatten der doppelten Baumreihe dem Kaffeegarten von Wilhelm Kröpcke zuzustreben.

Doch bis dahin gab es auf dieser Schokoladenseite der Georgstraße noch einiges mehr zu sehen. Gleich neben der Hannoverschen Bank stand an der äußersten Spitze des Theaterplatzes ein seltsamer Pavillon, der aufgrund seines maurisch-byzantinischen Stiles auf den ersten Blick etwas fremdartig wirkte (46). Er stammte von der Pariser Weltausstellung des Jahres 1867 und diente, von den Hannoveranern »Mongolentempel« genannt, sechs Jahrzehnte als Verkaufslokal für Topf- und Schnittblumen. Als er 1928 durch einen 150000 Mark teuren modernen Blumenpavillon mit kupfergedecktem Spitzturm abgelöst wurde, erhitzten sich die Gemüter. Die hannoverschen Bürgervereine warfen Stadtbaurat Elkart vor, für die 150000 Mark hätte er besser ein Zwölffamilienhaus als einen Blumenladen bauen sollen, zumal dessen architektonische Wirkung nicht nur von Bäumen verstellt, sondern auch von den benachbarten »wuchtigen Bank-, Presse- und Geschäftshäusern« erdrückt werde. Der Krieg beseitigte das »Ärgernis«, das als spielerische Ergänzung der gleichzeitigen Klinkergroßbauten heute sicher anders eingeschätzt würde.

Nur wenige Schritte hinter dem »Mongolentempel« hätte Baurat Heinrich Köhler auf dem südlichen Teil des Theaterplatzes 1882 gern ein Ehrenforum mit den Denkmälern berühmter Hannoveraner angelegt. Aber dieses Ehrenforum kam über die Statuen für Karl Karmarsch, den ersten Direktor der Polytechnischen Schule, und für Louis Stromeyer, den hannoverschen Generalarzt, beide von dem Dresdner Bildhauer Rassau, nicht hinaus. Denn das dritte Denkmal an der Georgstraße stand bereits seit 1877 vor dem Königlichen Hoftheater (47). Es hatte langjähriger mühsamer Sammlungen bedurft, bis das von Ferdinand Hartzer, Berlin, modellierte Marschner-Denkmal mit einem Kostenaufwand von 30000 Mark am 11. Juni 1877 enthüllt werden konnte. Heinrich Marschner, musikgeschichtlich zwischen Weber und Wagner anzusiedeln, war eine der bedeutendsten Erscheinungen am hiesigen Hoftheater. 1831 als Hofkapellmeister noch für das alte Schloßopernhaus engagiert, komponierte er in Hannover seine Oper »Hans Heiling«, die mit dem 1689 an dieser Stelle uraufgeführten »Enrico Leone« von Agostino Steffani zu den wenigen noch bekannten Werken der in Hannover geschaffenen Musikdramen gehört. Da der Kapellmeister Marschner oft nicht hielt, was man sich von einem dirigierenden Komponisten versprach, kam es zu zahlreichen auch in Marschners Person begründeten Mißstimmungen. 1859 wurde der 64jährige vom König mit dem Titel eines »Generalmusikdirektors« pensioniert.

Nach 1866 unterstand das Hoftheater der Berliner Generalintendanz, erhielt aber in Hans Bronsart von Schellendorf, einem Liszt-Schüler, einen eigenen Intendanten. Der erste Intendant, der aus dem Theaterfach kam, war der 1908 berufene, bekannte und bewährte Schauspieler Ludwig Barnay. »Er schuf in den drei Jahren seiner Amtsführung im Schauspiel eine letzte, glanzvolle Zusammenfassung der Darstellungskunst seines Zeitalters, eine prächtige Spätblüte Meiningischer Tradition.« Als Dirigenten verdienen Erwähnung Hans von Bülow (48), dessen künstlerische Unerbittlichkeit Hannovers Oper einen guten Ruf verschaffte, der aber bereits nach zweijährigem Wirken über eine Sängerintrige stolperte. Gleichfalls als Opfer einer Intrige, diesmal des Intendanten Barnay, mußte der um die damals moderne Opernliteratur verdiente Boris Bruck 1910 das Pult räumen.

Da die Nachwelt bekanntlich den Mimen keine Kränze flicht, sind aus der großen Künstlerschar, die Hannovers Theaterfreunde bis zum Ersten Weltkrieg erheiterte, unterhielt oder zu Tränen rührte, auch nur noch wenige Namen halbwegs bekannt: aus dem Schauspielensemble Elsa Friedhoff, Mathilde Schacht, Carl Devrient, Friedrich Holthaus (49), Albert Brunner, Julius Berend und Sigismund Bollmann, letztere als unvergleichliches Vagabundenpaar in »Robert und Bertram«; aus dem Opernpersonal Antonie Held, Gertrude Kappel, Anton Schott, Georg Nollet und Karl Seydel.

Bis 1896 hatte sich über ihrem Spiel der von Johann Heinrich Ramberg 1789 für das alte Schloßopernhaus gemalte Vorhang geöffnet, auf dem ein Vers Ovids die allegorische Darstellung erläuterte: »Die dauerhafte Verbreitung der schönen Künste und Wissenschaften mildert die Sitten und läßt nicht zu, daß sie ungeschlacht bleiben.« Wilhelm II., dem der Vorhang offenbar nicht mehr schön genug war, stiftete 1896 einen neuen, der allerdings bei den Hannoveranern auf wenig Gegenliebe stieß. Sie trauerten ihm nicht nach, als er 1917 beim Brand des Bühnenhauses ein Opfer der Flammen wurde, waren aber hocherfreut, daß nun Rambergs altes Stück wieder zu Ehren kam, bis auch dieses am 26. Juli 1943 – man hatte am Vorabend die »Walküre« gegeben – mit der gesamten Innenausstattung des Opernhauses verbrannte.

Jahrzehnte hindurch gehörte es in Hannover zur guten Tradition, daß man sich an Sommersonntagen um 12 Uhr vor dem Hoftheater zum Promenieren einfand. Unter den flotten Klängen der auf der Freitreppe des Theaters postierten Kapelle bummelte man vor dem Hoftheater zwischen Ständehaus und Windmühlenstraße auf und ab, »die blühende Jugend in lockenden Batistblusen und mit schiefge-

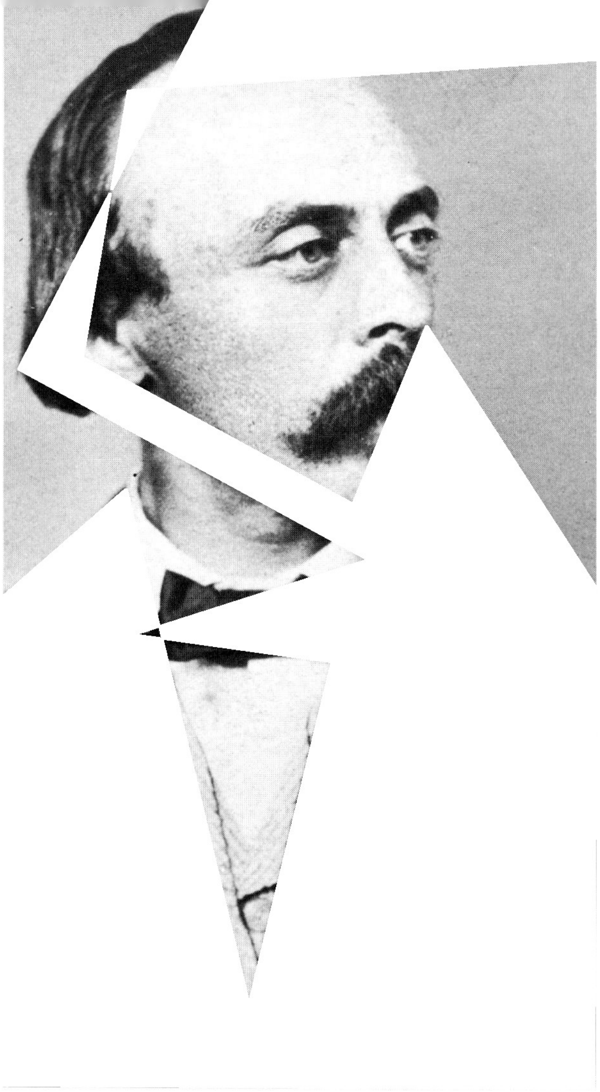

48 *Hans von Bülow (1830–1894) Dirigent in Hannover 1877–1879. Foto: Hanfstaengl, München. Um 1880*

49 *Friedrich Holthaus als Shakespeares »König Johann«. Foto: C. Müchelmann*

50 *Nach dem Promenadenkonzert auf dem »Schorsenbummel«. Postkarte. 1912*

51 Café Kröpcke mit Georgstraße. Postkarte. Um 1930

setzten Schülermützen«, die reiferen Jahrgänge im eleganten Sonntagsstaat. Froh und sorgenfrei ließ man sich im gemächlichen Menschenkarussell treiben; man lächelte, grüßte, wechselte belanglose Worte, tauschte scheue, neugierige oder auch einmal gewagte Blicke und flirtete gar (50). Dieser bis in die Sommer der dreißiger Jahre regelmäßig wiederkehrende Bummel auf der Georgstraße, der »Schorsenbummel«, so genannt nach der hannoverschen Verballhornung der englischen Aussprache des königlichen Namens, wurde durch Karl Jacob Hirsch als Hintergrund einer dramatischen Szene seines Romans »Kaiserwetter« in die Literatur eingeführt. Desgleichen das benachbarte Café Kröpcke, das unschwer auch in Werner Bergengruens Novelle »Der Dichter und der Amokläufer« zu identifizieren ist, wo der Ort eines Vorfalls als »einstöckiges Kaffeehaus, pavillonartig gebaut, an der Kreuzung der belebtesten Verkehrsstraßen gelegen«, beschrieben wird. Auch die Stadtwerbung tat ihr Möglichstes: »Inmitten hoher Stadthäuser ein einstöckiges Kaffeehaus, dahinter ein herrlicher Garten, 2500 Menschen Platz bietend, das gibt es nicht ein zweites Mal in einer anderen Stadt.« Das mochte wohl stimmen. Zudem war dieses Kaffeehaus Herz und Mittelpunkt der Stadt (51).
Konditor Robby aus der Leinstraße hatte sich diesen für hannoversche Verhältnisse ungewöhnlich konstruierten Caféhaus-Pavillon 1869 von dem hiesigen Architekten Otto Goetze, angeblich nach einem Vorbild auf der Pariser Weltausstellung, im Schatten von Hoftheater und Polytechnikum und nur wenige hundert Meter vom Bahnhof entfernt, bauen lassen. Drei Jahre darauf zockelte die erste Pferdebahn am neuen Café vorbei, und weitere neun Jahre später stand es, nachdem Karmarsch- und Grupenstraße die Bahnhofstraße zum Altstädter Markt geöffnet hatten, an der bedeutendsten Straßenkreuzung des modernen Hannover. 1885 pachtete Wilhelm Kröpcke das einträgliche Etablissement. Es blühte auf. Der Name des Pächters ging auf das inzwischen städtische Caféhaus über und bald auch auf die Straßenkreuzung, die nun zum eigentlichen Mittelpunkt der Stadt und im Lauf der Jahrzehnte schlicht als »Kröpcke« weltbekannt wurde.
Obgleich das Caféhaus in seinem leichten, orientalischen Stil in der norddeutsch-grauen Stadt eher fremdartig erschien, wirkte es anziehend und einladend zugleich, nicht nur für Künstler und Literaten, die sich hier in angestammten Nischen und reservierten Kabinetten trafen, ohne dem Café damit je den Rang eines der berühmten Berliner Künstler- oder Literatencafés verleihen zu können. Das Café Kröpcke blieb durchaus bürgerlich. Hier setzte man sich zum Skat zusammen; vor allem las man ausgiebig Zeitung und

52 Ehemals »Hannoversche Bank«, Georg-, Ecke Schillerstraße, während des Abbruchs. Foto: Friedrich Reinecke. 1904

lauschte im großen Mittelraum andächtig dem Salon-Orchester.

Draußen vor dem Café war Hannovers beliebtester Treffpunkt. Man traf sich »an der Uhr«, an der Kröpcke-Uhr, die Hannovers Bürger 1885 als »Wettersäule« gestiftet hatten. In diesem Wetterhäuschen mit Uhr war von Thermo-, Baro- und Hygrometern, von Wetterkarten und Wettermeldungen abzulesen, was die Forschungen des Göttinger Professors Klinkerfuess eben erst ermöglicht hatten: Nachrichten über das Wetter von morgen. Hatte man an der Uhr vergeblich auf die Angebetete gewartet, hinterließ man, enttäuscht oder hoffend, auf der nahebei stehenden Litfaßsäule ein Lebenszeichen. Als behördlicher Ordnungssinn das städtische Reklameamt veranlaßte, für diese ungebührliche Nachrichtenübermittlung ein mit »Treffbuch« überschriebenes liniertes Papier auf die Säule zu kleben, war es mit der Romantik dieses Suchens und Findens vorbei und der liebenswerte Brauch schlief ein.

Die Georgstraße bestand aber nicht nur aus Promenade, Hoftheater und Caféhaus, sie hatte auch ein Alltagsgesicht. Zwischen Aegidientorplatz und Kröpcke zwar nur auf einer Seite, zwischen Kröpcke und Steintor aber auf beiden. In diesem Bereich war sie eher geschäftig als vornehm, und dies offenbar auch nachts. Denn der »Hannoversche Courier« wußte am 30. Juli 1880 von Skandalszenen vor der »Ewigen Lampe« an der Packhofstraßenecke zu berichten. Wie üblich waren Dirnen in den Tumult verwickelt, »welche gerade hier, in der belebtesten Gegend der Stadt, unbehelligt ihr Wesen treiben«. Aber sonst war die Georgstraße durchaus honorig. An der Ecke zur Schillerstraße stand seit 1857 die Hannoversche Bank (52). Als sie 1903 ihren Neubau am Georgsplatz bezog, riß die Firma Karstadt das nicht einmal fünf Jahrzehnte alte Gebäude ab und baute an seiner Stelle das erste große Warenhaus Hannovers. Schräg gegenüber war seit 1901 die hannoversche Sensation schlechthin zu bestaunen; ein großartiges Geschäftshaus mit üppigem Turm, vor allem aber mit einer der damals in Mode stehenden Passagen (53). Unter blinkender Glaskuppel mit hochmoderner Reklamemalerei lockten die neuesten Angebote. Die größte Attraktion dieser Passage, durch die man zur Heiligerstraße gelangen konnte, war ein »Automatisches Restaurant«, wo dem Hungrigen schon für 10 Pfennig allerlei nahrhafte Leckereien entgegenrutschten, wo der Durstige ebenso automatisch sein Glas mit hiesigen oder fremden Bieren gefüllt erhielt und wo für einen eingesteckten Obulus künstliche Vögel in ihren Bauern zwitscherten oder elektrische Klaviere ganz nach Wunsch die neuesten Melodien klimperten. Im Jahre 1910 verzeichnete das Adreßbuch für die »Georgspassage« zahlreiche Firmen und Namen, darunter Bodes Geldschrankfabrik, die Zigarrenhändler Fremy und Schütte und die Lederwarenfabrik Horstmann und Sander, alle bewacht von dem ritterlichen

53 Blick von der Nordmannstraße in die Georgstraße; Mitte rechts die »Georgspassage«. Foto: Georg Alpers jun. 1903

St. Georg, der über dem Eingang zur Passage den Drachen tötet.

Das mit architektonischem Zierat herausgeputzte Haus der »Georgspassage« stand an einer Stelle, an der sich der Verkehrsfluß der Georgstraße teilte. In Richtung Linden und Herrenhausen ging es bis Goethestraße und Langelaube weiter die Georgstraße entlang. Der Verkehr nach Hainholz und Vahrenwald folgte seit 1876 der Nordmannstraße, die Ferdinand Wallbrecht (54) quer über den Hof der teils abgebrochenen, teils zu Wohnungen umgebauten Artilleriekaserne geführt hatte. Hier im Steintorviertel präsentierte sich die nüchterne Großstadt. Bei der Anlegung ihrer nicht gerade breiten Straßen wie beim Bau ihrer hohen Häuser hatten ausschließlich Zweckmäßigkeit und Ertragsberechnung Pate gestanden. So waren nach 1880 auch in Hannover die ersten Straßenschluchten entstanden, in die selbst die hochstehende Sommersonne nur knapp hineinschien (55). Etwas luftiger war es in der Artilleriestraße, die der alten breiten Umfuhr folgte und bis zu ihrer Umbenennung in Kurt-Schumacher-Straße an das Kasernement erinnerte. Hier hatte Hermann Mellini 1889 sein »Spezialitätentheater« eröffnet (56). Tierbändiger und Zauberkünstler, wie Herr Mellini selbst, Seiltänzer und Akrobaten mit gewichstem Schnurrbart und rotem Trikot brachten den Hannoveranern das Staunen bei. Otto Reutter, der König des Humors, erschütterte Abend für Abend ihre Zwerchfelle und wiegte sie in der tröstlichen Gewißheit »In fünfzig Jahren ist alles vorbei«. Das Repertoire des Theaters reichte von zirzensischer Artistik über Ballett, Varieté und Kleinkunst bis hin zur Operette. Es sicherte dem »Mellini« einen bedeutenden Ruf im Vorkriegsdeutschland.

Als erste größere bauliche Anlage hatte Ludwig Droste an der Artilleriestraße zwischen Herschelstraße und Eisenbahn schon Mitte der sechziger Jahre den Packhof vollendet, der bis dahin an der Georgstraße gegenüber den nach ihm benannten beiden Straßen gestanden hatte. Der Packhof diente, wie in anderen Städten auch, sowohl der Zwischenlagerung der in der Stadt eintreffenden Waren als auch deren Erfassung durch Zoll und Steuer. Seine Verlegung erwies sich als notwendig und zweckmäßig, da an der Georgstraße eine für andere Zwecke gedachte Bebauung vorgesehen war, vor allem aber, weil der größte Teil der eintreffenden Güter inzwischen mit der Eisenbahn transportiert wurde. 1905 mußte er der Expreßgutabfertigung der Bahn weichen. Um die Anlegung der Eisenbahn hatte es im Königreich Hannover ein langes Hin und Her gegeben, da König Ernst August sich ursprünglich hartnäckig weigerte, dieses Kind der Romantik in seinem Lande zuzulassen. Ab 1843 fuhr sie dann doch, und zwar als »Königlich Hannoversche Eisenbahn«. Denn das langjährige Zögern war inzwischen einer zügigen Eisenbahnpolitik gewichen, die Hannover innerhalb von 15 Jahren zum Verkehrskreuz an den Strecken Berlin–Köln und Bremen/Harburg–Kassel machte. Um den Bewohnern unnötige Lärm- und Rauchbelästigungen zu

54 Ferdinand Wallbrecht (1840–1905), Architekt, Bauunternehmer, Senator. Foto: Richard Freundt. 1905

55 Blick vom Dach des Anzeiger-Hochhauses in die Nordmannstraße. Foto: Hans Pusen. Um 1930

56 Artilleriestraße (seit 1953 Kurt-Schumacher-Straße) mit dem Mellini-Theater. Postkarte. Um 1910

ersparen und die Vorstadt der Residenz nicht durch zu viele auf den Bahnhof zulaufende Strecken zu zerschneiden, wurden diese bereits in Wunstorf, Lehrte und später in Elze/Nordstemmen zusammengeführt. So kam unter Mitwirkung von Laves ein Bahnhof zustande, der nur an einer Strecke lag und als erster in Deutschland einen nicht unterbrochenen Durchgangsverkehr zuließ. Laves hätte Bahnhof und Streckenführung im Interesse der von ihm im Steintorfeld projektierten größeren Stadterweiterung gern weiter draußen gesehen, aber die Rücksichtnahme auf die Eilenriede und die Gärten an der Celler Chaussee hatten alle anderen Pläne zunichte gemacht. Folglich wurde sein Ernst-August-Stadtteil zwischen Artilleriestraße, Umfuhr, Eisenbahn, Prinzen- und Georgstraße wesentlich kleiner. Das neue an diesem Stadtteil war, daß er nicht auf eine Kirche, sondern auf zwei völlig andere städtebauliche Bezugspunkte ausgerichtet war: einen wirtschaftlichen, den Bahnhof, und einen kulturellen, das Hoftheater. Darüber hinaus hatte Laves freilich die von diesen Bauten weg- bzw. auf sie zuführenden Straßen auf den Turm der Marktkirche ausgerichtet und damit den neuen Stadtteil zunächst optisch an den traditionellen Mittelpunkt der Stadt angebunden. Der Verwirklichung eines entsprechenden Straßendurchbruchs stand der König entgegen.

Das erste Empfangsgebäude des neuen Bahnhofs war 1847 vollendet (58). Die schnelle Zunahme des Personen- und Güterverkehrs und die damit einhergehende Vergrößerung des Lokomotiv- und Wagenparkes leitete schon drei Jahrzehnte später mit Neu- und Umbauarbeiten eine Dezentralisierung der hinter dem ersten Empfangsgebäude konzentrierten Betriebsanlagen ein. Die Lokschuppen wurden an den Hagenkamp und auf den entstehenden sogenannten Ostbahnhof verlegt, der Güterbahnhof an den Weidendamm, der »Productenbahnhof« zwischen Sandstraße und Schöneworth auf den Möhringsberg, der Rangierbahnhof nach Hainholz und die Reparaturwerkstatt nach Herrenhausen. Gleichzeitig erfolgte im Stadtgebiet die Höherlegung der Eisenbahnstrecken, die inzwischen zu erheblichen Hindernissen für den Straßenverkehr der jungen Großstadt geworden waren. Vor allem entstand ein größerer Personenbahnhof. Hubert Stier errichtete zwischen 1874 und 1879 das neue, heute noch erhaltene Empfangsgebäude.

Auf dem schon von Laves angelegten einladenden Bahnhofsvorplatz, auf dem es zwei Springbrunnen und herrlich viel Grün gab, grüßte den Ankommenden seit 1861 Albert Wolffs Reiterstandbild des Königs Ernst August – allerdings mit der Rückseite (57). Sei es, daß sie der König der von ihm an sich nicht geliebten Eisenbahn bewußt zukehrt, sei es, daß er den Fremden einladend vorausreitet, um ihnen die aufstrebende Stadt zu zeigen. Gesetzt hatte das Denkmal »dem Landes Vater sein treues Volk«, das sich damit »unterm Schwanz« einen beliebten Treffpunkt geschaffen hatte. Der Bahnhofsplatz, jetzt Ernst-August-Platz genannt, ursprünglich ziemlich verloren und sich noch ohne geschlossene Randbebauung in die radial von ihm ausgehenden Joachim-, Luisen-, Bahnhof-, Schiller- und Artilleriestraße

57 Ernst-August-Denkmal. Foto: Um 1900

öffnend, hatte seit 1860 einen festen städtebaulichen Rahmen erhalten (59). Denn mit der Verlagerung des Reiseverkehrs von der holprigen Straße auf die bequemere und schnellere Eisenbahn waren auch die Hotels dem Trend der Zeit gefolgt. 1860 gab es im Ernst-August-Stadtteil 7, 1870 waren es 11, 1890 schon 15 und 1910 immerhin 26 der damals im gesamten Stadtgebiet vorhandenen 63. Schließlich war Hannover jahrelang auch Übernachtungsstation für die Reisenden aus Berlin und Köln, weil die Strecke ihrer Länge wegen in zwei Tagen zurückgelegt werden mußte. Einer dieser durchreisenden Übernachtungsgäste, der 1880 in Kastens Hotel abgestiegene Theodor Fontane, hinterließ auch ein Urteil über die Stadt: »Hannover macht einen vornehmen Eindruck, aber doch sonderbar; in mancher Beziehung wie München: groß, weit, leer, forcirte Gothik (die mir doch nicht recht scheinen will), überhaupt etwas 'rauf Gepufftes, wie jemand, der sich über seine Kräfte anstrengt und dem die Puste ausgeht.« Dabei war das in rotem Back- und grauem Sandstein kontrastierende, mit Kuppeln, Konsolen, Adlern, Genien und sonstigen Skulpturen reichlich ausgestattete und ziemlich üppig geratene »Kaiserliche Post- und Telegraphenamt« (60), das einen bescheidenen Vorgängerbau ersetzte, noch nicht einmal vollendet. Dieses Postamt war beredter Zeuge einer Zeit, die sich auch in Hannover in ungebrochenem Optimismus gefiel, und von Fortschritt zu Fortschritt eilend die Stadt durch Eingemeindungen in das Land hinauswachsen ließ und die Stadtrandbewohner mittels der 1893 elektrifizierten Pferdebahn der verlockenden Geschäftswelt des Zentrums der neuen »City« und den prosperierenden großen Fabriken näherbrachte.

58 Der alte Bahnhof mit dem Ernst-August-Denkmal. Foto: Karl F. Wunder. Vor 1870

59 Ernst-August-Platz mit Bahnhofstraße. Foto: August Bies. Um 1910

60 Kaiserliches Post- und Telegraphenamt »Hauptpost«. Postkarte. 1909

61 »Zur Erinnerung an den Kanalbau«, 1896. Vor dem Hause Hildesheimer Straße 47/Ecke Freytagstraße. Foto: Hermann Gläscher

Zwischen Steintor- und Aegidienmasch. Hannover wächst ins Umland.

Hatten sich Stadterweiterungen bislang nur in großen Zeitspannen vollzogen, so erwiesen sie sich für Hannover seit Mitte des 19. Jahrhunderts in immer kürzeren Abständen als notwendig. Dem nach Eisenbahnbau, Zollvereinsbeitritt und preußischer Annexion einsetzenden und von einer explosionsartigen Bevölkerungsentwicklung begleiteten wirtschaftlichen Aufschwung mußten räumliche Ausdehnungsmöglichkeiten geschaffen werden. Das durch Zuwanderung von Arbeitskräften bewirkte Ansteigen der Bevölkerung hatte seine Ursachen in dem wachsenden Angebot von Arbeitsplätzen, die von expandierenden, vor allem aber von zahlreichen neugegründeten Firmen bereitgestellt wurden.
Daneben stieg die Zahl der Beschäftigten im Dienstleistungsbereich durch Vermehrung der Aufgaben für Stadt- und Provinzialverwaltung, durch Ausbau des Nah- und Fernverkehrs sowie durch Verstärkung des Militärs. Diese Entwicklungen setzten ausbaufähiges Industriegelände mit Eisenbahn- oder Straßenbahnanschluß voraus, erforderten große Flächen für Güter- und Rangierbahnhöfe und für Arbeiterwohnungen, die in hohen Mietskasernen oder engen Arbeitersiedlungen geschaffen wurden. Schließlich benötigte das Militär Gelände für Kasernen, Exerzierplätze und Offizierswohnungen.
Parallel dazu entstand ein dichtes und zugleich ausgedehntes Netz städtischer Versorgungseinrichtungen mit Bauten und Anlagen für Bildung und Verkehr, für Wasser, Abwässer, Gas und Strom. Die mit Pferden oder Akkumulatoren betriebenen Straßenbahnen wurden elektrifiziert, ihre Strekken bis an die Stadtgrenze und darüber hinaus geführt, denn erst die neue Zugkraft ermöglichte der Straßenbahn, längere Entfernungen zu überwinden und wesentlich mehr Personen oder Güter zu transportieren. Die riesige Baustelle, in die sich die Stadt infolgedessen verwandelte (61), ließ Hermann Löns einen nach zehnjährigem Auslandsaufenthalt zurückkehrenden Hannoveraner anfangs ungläubig staunen: »Das Durchbruchsviertel, die Asphaltstraßen / Die elektrische Bahn, ihm war alles neu / Und der vordere Teil der Eilenriede / Wo war die alte Wüstenei?...« – /

62 Gasanstalt auf der Glocksee. Foto: Um 1905

dann aber befriedigt feststellen: »Da sah er die aufgerissenen Straßen / Den Grand und die Steine und Loch an Loch / Und sprach: ›Es ist doch mein altes Hannover / Ich kenne es wieder, sie buddeln noch.‹«

Den eng miteinander verbundenen, sich in gegenseitiger Wechselwirkung vorantreibenden Entwicklungen konnte mit den bisherigen kleinräumigen Stadterweiterungen nicht mehr entsprochen werden. Großflächige Eingemeindungen waren das Gebot der Stunde. Die erste große Eingemeindung traf 1859 die Vorstadt, die aus teilweise noch heute in den Namen von Stadtteilen oder Straßen weiterlebenden sogenannten Gartengemeinden bestand: Königsworth, Schloßwende, Nordfeld, Fernrode, Vorort, Ostwende, Büthersworth, Westwende, Kirchwende, Stadtwald Eilenriede, Bult, Kleefeld, Heidorn, Tiefenriede und Emmerberg. Im Bereich dieser Gartengemeinden hatten sich von der Steintormasch um die Altstadt herum bis zur Aegidienmasch seit dem 18. Jahrhundert die sogenannten Gartenleute angesiedelt, die auf kleinen Gärten und Äckern Gemüse für die städtischen Märkte anbauten, im übrigen von Dienstleistungen lebten. Ihre Zahl war von etwa 1500 im Jahre 1770 auf 20000 im Jahre 1859 angestiegen. Nur drei Jahrzehnte später waren die 1859 eingemeindeten 2200 ha nahezu völlig überbaut, so daß die Stadt weiter ausgreifen mußte. Sie zog ihre Grenze um die Dörfer Herrenhausen, ohne den Guts- und Schloßbezirk, um Hainholz, Vahrenwald und List und gewann damit erneut 1475 ha. Wesentlich umfangreicher war die dritte große Eingemeindung der Ära Tramm. 1907 erhielt die Stadt mit Stöcken, Mecklenheide, Bothfeld, Klein und Groß Buchholz, Kirchrode, Döhren und Wülfel einen Gebietszuwachs von 6000 ha. Damit lagen nun auch der Stöckener Friedhof und der Tiergarten auf städtischem Gebiet; außerdem hatte die Stadt im Norden die Trasse des projektierten Kanals erreicht, was für die weitere Verbesserung der Verkehrslage bald große Bedeutung erlangen sollte. Hannovers Fläche betrug jetzt annähernd 10000 ha, die Einwohnerzahl 277000. Mit diesen drei großen Eingemeindungen hatte die Stadt nicht nur Reserveflächen für Wohn-, Industrie- und Verkehrsbauten gewonnen, sie hatte darüber hinaus mit zahlreichen prosperierenden Industriebetrieben ein für die städtischen Finanzen interessantes Wirtschaftspotential wieder in die Stadt hereingeholt. Denn viele Firmen waren aus der Innenstadt abgewandert oder hatten sich von vornherein in den Nachbardörfern niedergelassen, weil innerhalb der Stadtgrenzen keinerlei Entwicklungsmöglichkeiten für sie gegeben waren.

Da dieser Bildband nicht als lückenlose Stadtgeschichte gedacht ist, kann aus Entwicklung, Bild und Leben der einzelnen Stadtteile auch nur herausgegriffen werden, was bemerkenswert ist oder zumindest subjektiv als erwähnenswert erachtet wird. Dabei soll der Gang der Betrachtung in der Steintormasch beginnen und im Uhrzeigersinn um die Stadt herum bis zur Aegidienmasch verlaufen. Denn links der Leine lag das bis 1919 selbständige Linden, das erst im Zusammenhang seiner Eingemeindung betrachtet wird.

Vor dem Steintor waren nach Eingemeindung der kleinen Vororte Glocksee und Ohe endlich die Voraussetzungen für die längst fällige Bebauung dieses Gebietes geschaffen. Zusammen mit der gleichzeitig ausgebauten und ebenfalls auf dem alten Verteidigungsgürtel verlaufenden Humboldtstraße schlossen Goethestraße und Goetheplatz 1875 den im Lauf eines Jahrhunderts auf den eingeebneten Befestigungsanlagen um Alt- und Neustadt herumgelegten äußeren Verkehrsring. Zugleich stellte die Goethestraße mit Braun- und Lindener Straße neben Adolf- und Ihmebrückstraße die zweite notwendige Verkehrsverbindung Hannovers mit dem

63 Handelskammer im ehemaligen Palais Simon vor dem Clevertor. Postkarte. Um 1910

Industrievorort Linden her. Im Vorfeld der Lindener Industrie, auf der Glocksee, hatte die Londoner »Imperial-Continental-Gas-Association« noch zu Zeiten der englisch-hannoverschen Personalunion ein Gaswerk errichtet, das bis in den Ersten Weltkrieg in englischer Hand blieb (62). Hannover war damit die vierte Stadt des Kontinents, in der das moderne Gaslicht leuchtete. 1907 waren aus den gut 300 Gaslaternen, mit denen die Beleuchtung von Alt- und Neustadt begonnen hatte, 7141 geworden. Daneben gab es in der vorderen Eilenriede und an der Steuerndiebchaussee noch Petroleumlampen, an Hauptverkehrsstraßen und wichtigen Straßenkreuzungen aber bereits elektrische Bogenlampen.

Im Bereich Goethestraße/Clevertor, wo sich gegen Ende des vergangenen Jahrhunderts in der Nachbarschaft der hier seit 1778 bestehenden Tierarzneischule ein Schulzentrum gebildet hatte, stand auch das Palais des Commerzienrathes Israel Simon (63). Erbaut 1857/59 von Heinrich Tramm, dem Vater des späteren Stadtdirektors, diente es nach 1866 dem Gewerbeverein, dann bis 1919 der Handelskammer und schließlich dem von Herbert Röhrig eingerichteten Handels- und Industriemuseum. Die Reste dieses städtebaulich und architektonisch interessanten Hauses an der Gabelung von Brühl- und Escherstraße wurden nach dem Kriege beseitigt. Heute führt als Westumgehung der Innenstadt die verbreiterte Brühlstraße über das Grundstück. Vor hundert Jahren war die bedeutendere Verkehrsader dieses Stadtbereiches die Lange Laube. Doch vom alten Laubengang, den beschnittene Bäume zwischen Steintor und Königsworther Platz einmal gebildet hatten, war längst nichts mehr vorhanden, als am 27. Oktober 1872 die erste, am Döhrener Turm beginnende Pferdebahn bis zum Königsworther Platz und ein halbes Jahr darauf bis zum Großen Garten verlängert wurde (64). Sie verkehrte im 10-Minuten-Abstand von morgens halb sieben bis abends gegen elf und konnte auf 16 Sitz- und 14 Stehplätzen 30 Personen befördern. 1892 verband sie bereits den Stöckener Friedhof mit Laatzen, so daß die Linie mit dem weißen runden Schild, die im Zuge der Numerierung der hannoverschen Straßenbahnlinien 1906 die Nummer 1 erhielt, jetzt die längste Strecke befuhr und mit den Herrenhäuser Gärten und der südlichen Eilenriede zwei wichtige Erholungsgebiete erschloß.

Ein »Erholungsgebiet« besonderer Art war ohne Frage »Mutter Pisewitt«, ein urgemütliches Lokal, das unter den ausladenden Ästen der Buchen und Akazien am Rande des Neustädter St.-Andreas-Friedhofes stand (65). Aus dem Totengräberhaus war nach Schließung des Friedhofes »Dehnhardts Garten« geworden. Und nach der couragierten Witwe Dehnhardt, die, stets in weißer Schürze und weißer Haube, resolut den Laden schmiß, erhielt das Lokal nach ihrem Tod 1897 seinen bis heute nicht geklärten Namen. Hier trafen sich studentische Verbindungen, Altschülervereine und Stammtische nach dem Motto: »Wie erquickend wie erlabend / ist doch so ein Herrenabend / wo man beim Getränk nicht zaudert / lustig aus der Schule plaudert / fröhlich lenkt man seinen Schritt / stets zu Mutter Pisewitt.« Denn ihr Leberwurstbrot, in grauer Vorzeit zwei Pfennig das Stück, ihr anrüchiger »Häörzer«, ihre knusprigen Puffer und nicht zuletzt ihre Lüttjen Läögen waren stadtbekannte Spezialitäten. 1961 schlug »Mutter Pisewitts« letzte Stunde. Das fast ein Jahrhundert bestehende Lokal wurde ein Opfer der Verkehrsplanung. Am benachbarten Königsworther Platz (66), der erst kurz bevor die Pferdebahn über ihn hinweggeführt wurde, ein manierliches Aussehen erhalten hatte, stand seit 1876 der »Meister-Neubau« der Geschäftsbücherfabrik König & Ebhardt, deren »lichtvolle Arbeits-

räume« für die 350 Beschäftigten damals allgemeine Anerkennung fanden. Wahrscheinlich waren es Ansehen und Weltruf der Firma, die hannoversche Spaßvögel veranlaßten, aus der Landwehrdevise der Freiheitskriege »Mit Gott für König und Ebhardt« zu machen.
Einige hundert Meter stadtauswärts hatte Georg V. ein Schloß in Auftrag gegeben, das aber infolge der Ereignisse von 1866 nicht fertiggeworden und nach einer behelfsmäßigen Zwischennutzung als Lazarett 1875/79 für die Bedürfnisse der an der Georgstraße aus allen Nähten platzenden Polytechnischen Schule umgebaut worden war (67). Bei dieser Gelegenheit fand auch das echte »Berliner Pferdestandbild«, das Albert Wolff, der Schöpfer des Ernst-August-Denkmals, als eine Teilnachbildung der vor dem Alten Museum in Berlin stehenden Löwenkämpfergruppe modelliert hatte, einen Platz in den Grünanlagen vor dem Schloß. Am 6. Oktober 1879 wurde das »Polytechnikum« als »Technische Hochschule« im Welfenschloß eröffnet. Ihr eigentlicher Aufstieg begann, nachdem 1880 die Technischen Hochschulen, die sich später besonderer Förderung durch Wilhelm II. erfreuten, den Universitäten gleichgestellt wurden. Die wachsenden Studentenzahlen machten bereits 1895 den Bau des westlichen Schloßflügels, Ende der zwanziger Jahre den großen Klinkerbau am Schneiderberg erforderlich. Inzwischen hatten sich im Umfeld der Herrenhäuser Gärten, deren Georgen- und Welfen-Garten 1921 in städtischen Besitz übergegangen waren, und in deren Berggarten seit 1880 ein alle Dimensionen sprengendes 30 Meter hohes Palmenhaus (68) bestaunt werden konnte, die Grünflächen erheblich erweitert. Als Antwort auf die unzureichenden sozialen und hygienischen Verhältnisse, denen die Menschen in den engen Mietskasernen ausgeliefert waren, entstanden

◁ 64 *Pferdebahn Steintor–Herrenhausen vor der Abfahrt vom Depot auf der Glocksee. Foto: Um 1880*

◁ 65 *Gaststätte »Mutter Pisewitt«. Foto: Um 1925*

66 *Königsworther Platz mit Herrenhäuser Allee. Rechts die Ulanen-Kaserne, dahinter König & Ebhardt. Foto: 1898*

67 *Technische Hochschule. Luftaufnahme: Um 1930*

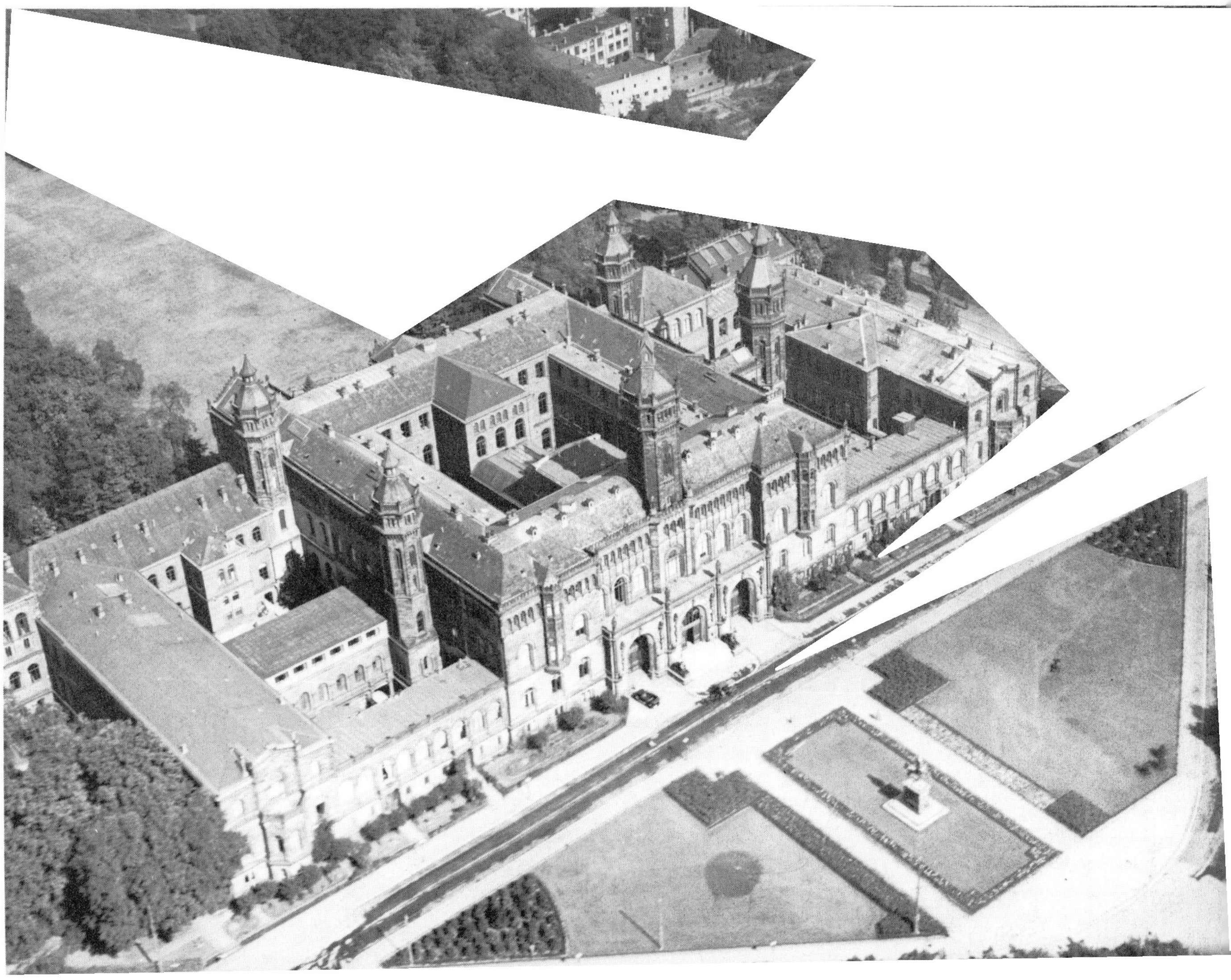

zur Verbesserung der familiären Ernährungslage und zur Schaffung von Erholungsmöglichkeiten gegen Ende des 19. Jahrhunderts zunächst vor allem in der Nähe der übervölkerten Wohnbereiche die ersten Kleingärten. Der Anfang wurde 1884 im Fössefeld gemacht, zehn Jahre später folgte die Kolonie »Königsworth« in der Steintormasch. Damit trat neben den fürstlichen Lustgarten, der inzwischen ein Volksgarten geworden war, der Garten des kleinen Mannes. In derselben Zeit wie die Kleingärten drängten auch die Sportler ins Freie und machten ihre Sportanlagen zum festen Bestandteil eines Angebotes für die noch sehr karg bemessene Freizeit. Schon um 1890 legte die »Sportgemeinschaft von 1874« einen Sportplatz hinter dem Großen Garten an, dem in diesem Bereich 1906 weitere folgten, die im übrigen wie die Kleingärten nach und nach im gesamten äußeren Stadtgebiet in Erscheinung traten.

Im Bereich Herrenhausen–Stöcken, der längst noch nicht zu Hannover gehörte, machte sich städtischer Expansionsdrang um die Jahrhundertwende geradezu beispielhaft bemerkbar. Legten sich einerseits neue Grünbezirke um die traditionellen Gärten, so griffen andererseits Industrie-, Verkehrs- und Versorgungsanlagen weit in die Dorffluren ein. In der Nähe der 1878 eröffneten Eisenbahnreparaturwerkstatt, die in Leinhausen zum Bau ausgedehnter Arbeiterkolonien führte, baute die Stadt 1901 ein neues Drehstromkraftwerk, da das seit 1890 in der Osterstraße bestehende Gleichstromkraftwerk den zunehmenden Energiebedarf nicht mehr decken konnte. Auf der anderen Seite der Bahnstrecke nach Wunstorf mußte die Stadt, die vom Hauptsammler Königsworther Platz aus sämtliche Abwässer ihrer fast 300000 Einwohner unterhalb des Herrenhäuser Wehres ungeklärt in die Leine laufen ließ, 1906/08 eine Kläranlage bauen, um diese unhaltbaren Zustände abzustellen. Bereits anderthalb Jahrzehnte vorher hatte sie, weit draußen in Stöcken, 7 km von der Innenstadt entfernt, auf einem vergrößerungsfähigen und noch nicht von Bodenspekulationen erfaßten Gelände ihren zweiten großen Friedhof angelegt, den Stadtgartendirektor Trip mit kleinen Hügeln, verschlungenen Pfaden, stillen Teichen und zahllosen Sträuchern, Büschen und Bäumen in einen Parkfriedhof verwandelte.

Inzwischen war Hannovers ältester Friedhof, der Ende des 13. Jahrhunderts ebenfalls auf freiem Gelände vor dem Steintor angelegte Nikolaifriedhof, geschlossen und allmählich zu einer öffentlichen Grünanlage mitten in der Stadt geworden. Unter seinen hohen Bäumen hatte man 1776 Ludwig Hölty, den unvergleichlichen Sänger des Frühlings, begraben und 1901 das von Carl Gundelach und Otto Lüer geschaffene, inzwischen stark veränderte Denkmal mit der Gestalt des trauernden Jünglings aufgestellt, in dessen Sockel die Verse aus Nikolaus Lenaus Nachruf eingegraben sind: »Hölty, Dein Freund, der Frühling ist gekommen. Klagend irrt er im Hain, Dich zu finden. Doch umsonst, sein klagender Ruf verhallt im einsamen Schatten.« Die im Zweiten Weltkrieg bis auf den Chor zerstörte kleine Nikolaikapelle (69), deren älteste Bauteile aus der Mitte des 13. Jahrhunderts stammen, diente bis zum Ersten Weltkrieg als sogenannte »Englische Kapelle« der seit den Tagen der Personalunion in Hannover bestehenden anglikanischen Gemeinde. An der Nikolaistraße wartete das »Odeon« auf das heiter gestimmte Abendpublikum und die Ausspannwirtschaft »Zur Rauhen Mütze« auf ihre Fuhrleute und Pferdehändler. Zwischen beiden bezogen Gewerkschaft, Sozialdemokratische Partei und »Volkswille« 1910 ihr Haus »Solidarität«. Gegenüber, an der Goseriede, hatte Hannovers Stadtbaurat Carl Wolff 1905/06 mit dem Goseriedebad sein architektonisches Jugendstilprogramm Gestalt werden lassen. Vor dem Bad stand seit 1898 Karl Dopmeyers Gänselieselbrunnen, der wie der Name Goseriede die Erinnerung an die Gänseweide der hannoverschen Ackerbürger wachhält.

Enge Beziehungen zum Nikolaifriedhof hat der Klagesmarkt. Denn hinter »Klages« verbirgt sich nichts anderes als die niederdeutsche über Klauwes zu Klages gedehnte Kurzform Klaus für Nikolaus. Dieser Klagesmarkt, auf dem die Hannoveraner von 1575 bis 1824 ihre Schützenfeste gefeiert hatten, wurde mehr und mehr zum Ort der verschiedenen hannoverschen Märkte. Zu den donnerstags stattfindenden Wochenmärkten und den dreimal jährlich abgehaltenen Kram- oder Jahrmärkten kam in den zwanziger Jahren der Gemüsegroßmarkt, der wegen des zunehmenden Verkehrs und der starken Beschickung den Altstädter Marktplatz hatte verlassen müssen. Bunt war das Bild auf dem mit mancherlei Lustbarkeiten lockenden Jahrmärkten, ein Gemisch aus Calenberger Platt und s-tadthannoverschem Zungenschlag schwirrte über die Wochenmärkte (70), wo alles, was Felder und Gärten in den umliegenden Landkreisen hergaben, zusammen mit Fleisch, Wurst, Geflügel, Butter und Käse nach sorgfältiger Prüfung und kritischen Gesprächen in die Körbe der hannoverschen Köchinnen und Hausfrauen wechselten. Von diesem alten hannoverschen Dialekt, der die langen Vokale ei zu aa und a gemächlich zu äö verschliff, was für Fremde Verständigungsschwierigkeiten bedeutete, wenn es um Schwein, Schwan, Eile oder Aale ging, ist außer dem nur noch selten ges-prochenen s-pitzen s-t nicht mehr viel geblieben.

Auf all die Menschheit, die sich zu den verschiedenen Anlässen auf dem Klagesmarkt drängelte, sah seit 1865 der Turm der neugotischen Christuskirche herab (70). König Georg V., der zugleich Bischof seiner Landeskirche war, hatte sie zur besseren geistlichen Versorgung seiner in den »Gartengemeinden« vor den Toren Hannovers wohnenden Landeskinder gestiftet, da deren Zahl inzwischen so sehr zugenommen hatte, daß die gut ein Jahrhundert zuvor erbaute kleine Gartenkirche vor dem Aegidientor nicht mehr ausreichte. Architekt der dreischiffigen gotischen Hallenkirche, die in Backstein mit 73 m hohem Turm ausgeführt wurde, war Conrad Wilhelm Hase (71). Der Schüler des hannoverschen Polytechnikums und der Münchner Akademie, der sich schon in seiner frühen Studienzeit dem Ideal des »Altdeutschen« verschrieben hatte, war in Hannover vor allem durch das Museum für Kunst und Wissenschaft, das heutige Künstlerhaus in der Sophienstraße, bekannt geworden. Mit

68 Das neue Palmenhaus im Berggarten. Foto: Georg Alpers jr. Um 1905

69 Nikolaikapelle. Foto: Um 1930

70 Wochenmarkt auf dem Klagesmarkt. Postkarte. Um 1910

72 Engelbosteler Damm. Postkarte. Um 1905 ▷

74 Marienkirche im Bau. Foto: Um 1888 ▷

75 Dr. Ludwig Windthorst (1812–1891). Foto: Um 1885 ▷

71 Zur Erinnerung an die Feier des achtzigjährigen Geburtstages des Herrn Altmeisters Geh. Reg.-Rath, Professor, Baurath Conrad Wilhelm Hase. Dezember 1898. Foto: Georg Alpers jr. (Ausschnitt)

73 Städtisches Krankenhaus I (Nordstadtkrankenhaus). Foto: Georg Alpers jr. 1895

seinen zahlreichen Bauten, darunter die Marienburg bei Nordstemmen, durch seine Lehrtätigkeit an der Technischen Hochschule und durch seine große Schülerschar begründete er mit seiner dem Vorbild der Gotik nacheifernden Wiederbelebung »des reinen Backsteinbaues niedersächsischer Tradition« die in ihrer Bedeutung weit über seinen Wirkungsort hinausreichende hannoversche Architekturschule.

In der Nordstadt zwischen Herrenhäuser Allee und Bahnlinie schritt die Bebauung beiderseits des EngelbostelerDammes (72) zügig voran. Allerdings entstanden infolge der Notwendigkeit, der wachsenden Bevölkerung möglichst schnell Wohnraum zu schaffen, ziemlich eintönige rechtekkige Wohnquartiere. Grünflächen oder Baumbestand gab es nur im Bereich der 1898 fertiggestellten Lutherkirche, der jüdischen Friedhöfe an Oberstraße und Strangriede, des benachbarten neuen Nikolaifriedhofes, des an der Haltenhoffstraße im damals modernen Pavillonstil angelegten städtischen Krankenhauses I (73), des späteren Nordstadtkrankenhauses sowie schließlich um die am Rande der Nordstadt in unmittelbarer Nähe des Güterbahnhofs Weidendamm errichtete Marienkirche (74), der dritten katholischen Kirche der Stadt. Christoph Hehl baute sie als dreischiffige Halle mit 94 m hohem Turm. Sie ist »ein Denkmal der dankbaren Liebe der deutschen Katholiken gegen ihren größten parlamentarischen Vorkämpfer«, den früheren hannoverschen Justizminister, Reichstagsabgeordneten und Bismarckgegner Dr. Ludwig Windthorst (75). 1883 hatte er zu Spenden für den Bau dieser Kirche aufgerufen. 1890 war sie vollendet und knapp ein Jahr darauf wurde Windthorst vor den Stufen des von Papst Leo XIII. gestifteten Altars beigesetzt.

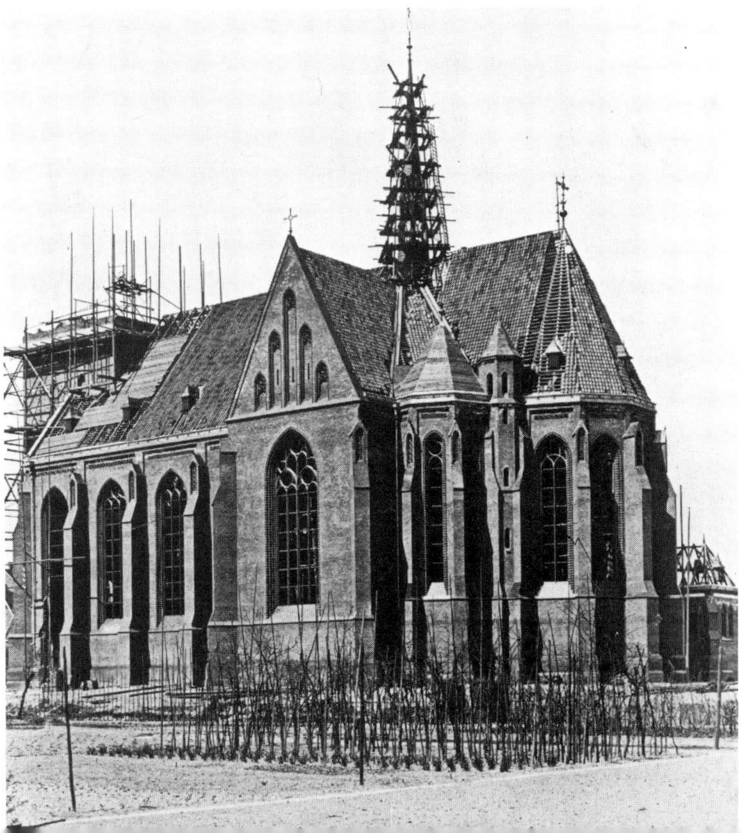

Eine ähnliche Entwicklung wie die Nordstadt beiderseits des Engelbosteler Dammes nahm auch die Oststadt zwischen Bahn und Eilenriede mit den Hauptachsen Vahrenwalder-, Alte Celler Heer- und Podbielskistraße. Da die bereits in den 1850er Jahren hinter dem Bahnhof einsetzende Bautätigkeit trotz wiederholter Warnungen des alten Laves städtebauliche Gesichtspunkte hinter Bodenspekulationen und Profitstreben zurückstellte, entstand ein wenig anziehendes Stadtviertel. Erst später und weiter draußen wurde das Straßenbild im Bereich der Hohenzollern-, Waldersee- und Ferdinand-Walbrecht-Straße wieder etwas aufgelockert und großzügiger (76, 77).

Eingeschlossen in dieses in wenigen Jahrzehnten schnell gewachsene Wohngebiet waren vier zwischen 1881 und 1906 erbaute Gotteshäuser: die Dreifaltigkeits-, Apostel-, Lukas- und Markuskirche sowie eine ganze Reihe öffentlicher Bauten: die Kasernen mit dem Welfenplatz, die Reitschule zwischen Dragoner- und Husarenstraße, das Zellengefängnis an der Alten Celler Heerstraße mit den Justizpalästen an Haller Straße und Volgersweg, die Klosterkammer an der Eichstraße, das Lehrerseminar am Volgersweg, dazu zwei Hilfsschulen, acht Bürgerschulen, zwei Realschulen, die Höhere Töchterschule an der Ludwigstraße, die Leibnizschule an der Alten Celler Heerstraße (78), in der Hannovers früherer Landesbischof Hanns Lilje die Schulbank drückte, sowie an der Leonhardtstraße das königliche Kaiser-Wil-

76 Letzte Häuser der Gartenleute in der Straße »Am Lärchenberge«. Foto: 1897

77 Blick vom Prinzessinnen-Denkmal in die Yorckstraße auf die Dreifaltigkeitskirche. Foto: August Bies. Um 1915

78 Alte Celler Heerstraße. Rechts Mauer des Gefängnishofes und Leibnizschule; hinten der Weißekreuzplatz. Postkarte. 1905 ▷

79 Bahnstrecke Hannover–Wunstorf mit Fabrikgebäuden der »Conti« (lks.) und dem Lokschuppen »Hagenkamp«. Postkarte. Um 1930 ▷

helms-Gymnasium, auf dem vor allem den Söhnen preußischer Beamter und Militärs humanistische Bildung vermittelt wurde. Der nach 1866 noch viele Jahrzehnte politisch der Welfenpartei nahestehende Mittelstand der hannoverschen Kaufleute und Gewerbetreibenden bevorzugte für seine Söhne hingegen das städtische Ratsgymnasium.
Viele der einst im freien Steintorfeld oder noch weiter draußen angesiedelten Firmen hatte die unaufhaltsam nachrückende Wohnbebauung bis zum Ersten Weltkrieg wieder eingeholt, so daß Wohn- und Industriebereiche in verschiedenen Vierteln der Nord- und Oststadt enge Verbindungen eingingen. Knapp einen Kilometer vom Zentrum entfernt nahm nach anfänglichen Schwierigkeiten die Continental Caoutchouc- und Gutta-Percha-Compagnie (79) eine gewaltige Aufwärtsentwicklung. Gemeinsam mit dem Chemiker und Techniker Adolf Prinzhorn führte der Bankkaufmann Siegmund Seligmann (80), der aufgrund seiner Leistungen 1914 Geheimer Kommerzienrat, 1921 Ehrendoktor der Technischen Hochschule und 1923 Ehrenbürger Hannovers wurde, die Continental in wenigen Jahrzehnten zu Weltruhm. Dank der Pionierleistungen in der Einführung, Verbesserung und Produktion von Reifen, für die mit wachsendem Fahrrad- und Automobilverkehr ein lukrativer Markt entstand, konnten aus den 269 Beschäftigten des

Jahres 1879 in kaum fünf Jahrzehnten 15 000 werden. Denn stets stand die Conti im Dienste der Verbesserung des Fahrkomforts. Trotz beträchtlicher Rückschläge, die der Erste Weltkrieg vor allem mit dem Verlust der ausländischen Zweigwerke brachte, konnte die Firma ihren Geschäftsbereich in den zwanziger Jahren durch verschiedene Fusionen, u.a. mit den »Hannoverschen Gummiwerken Excelsior«, erheblich ausweiten und 1938 den Neubau eines Werkes in Stöcken beginnen.

Sichtbarstes Zeugnis der anhaltenden Expansion der Conti ist das 1912–1914 von Peter Behrens an der Vahrenwalder Straße errichtete eindrucksvolle neue Verwaltungsgebäude. Wie der gleichzeitig von Karl Siebrecht an der Podbielskistraße fertiggestellte Neubau für Bahlsens Keksfabrik (81) war auch der langgestreckte, klar gegliederte Contibau ein über das Zweckmäßige hinausgehender künstlerischer Beitrag zum Industriebau in Hannover. Dieses Bestreben, das Nützliche mit dem Schönen zu verbinden, ließ die Inhaber der Firma Bahlsen, deren Leibniz-Keks seit 1898 zu einem hannoverschen Markenzeichen wurde, immer wieder als Förderer der Künste in Erscheinung treten. Dasselbe gilt für die Firma Günther Wagner, die 1906 vom Engelbosteler Damm in ihre von Otto Taaks hauptsächlich in Stahlbeton ausgeführten Neubauten an die Podbielskistraße übersiedelte (82). Zu Conti-Reifen, Leibniz-Keks, Pelikan-Tinten,

80 Siegmund Seligmann (1853–1923), Vorstandsmitglied der Continental. Foto: Um 1920

81 Verwaltungsgebäude von Bahlsens Keksfabrik. Foto: Edmund Lill. Um 1915

82 *Neubau der Firma Günther Wagner; davor im Fond des Wagens Fabrikdirektor Fritz Beindorff, Vorsitzender des Hannoverschen Automobil-Clubs; der Wagen fuhr auf den modernen »Continental-Pneumatics«. Foto: 1905*

83 *Joseph Berliner (1858–1938), Gründer der Deutschen Grammophon GmbH in Hannover. Foto: Um 1915*
84 *Plattenpresserei der Deutschen Grammophon GmbH. Foto: Um 1925*

85 Zimmerflucht in der Wohnung des Freiherrn von Troschke, Königstraße 55. Foto: Feldhoff. 1915

Farben und Füllhaltern kamen, ebenfalls an der »Podbi«, die Schallplatten der Deutschen Grammophon-Gesellschaft, die Hannovers Namen in alle Lande trugen. 1898 hatten Emil Berliner, der Erfinder der Schallplatte und des Grammophones, und sein Bruder Joseph (83) in der Kniestraße die erste ausschließlich Schallplatten produzierende Fabrik eröffnet. Bereits sechs Jahre später wurden die dringend benötigten größeren Produktionsanlagen in Buchholz in Betrieb genommen, in denen täglich 25 000 Platten gepreßt werden konnten (84). Nach schnell entwickelten technischen und künstlerischen Verbesserungen war die Schallplatte schon 1906, als die einseitige 17-cm-Platte für 1 Mark in den Handel kam, ein früher Massenartikel. 1908 erreichte die »Deutsche Grammophon«, die Vorläuferin der heutigen »Polygram«, mit einem Ausstoß von 6,2 Millionen Platten die Höchstproduktion vor dem Ersten Weltkrieg.

Die in ihrem Kern mit fünfstöckigen Mietskasernen in engen Straßen ohne ausreichende Erholungs- oder gar Kinderspielplätze dicht besiedelte und mit Industriebetrieben durchsetzte Oststadt grenzt mit einer Übergangszone anspruchsvollerer Wohnbebauung an die Eilenriede, Hannovers alten Stadtwald, der wie die Herrenhäuser Gärten und der Maschpark keilförmig bis auf wenige hundert Meter an die Innenstadt heranreicht und mit dieser durch Königstraße und Schiffgraben verbunden ist. Die Bebauung beider Straßen lud zu gehobenerem Wohnen ein, in der Königstraße mehr in geräumigen Etagenwohnungen (85), am Schiffgraben, der seinen Namen von dem hier seit alten Zeiten verlaufenden, Mitte des 19. Jahrhunderts zugeschütteten Torfkanal erhielt, in den schönen, meist zweistöckigen, von den Architekten Tramm, Goetze, Heine und Köhler in den wiederbelebten Baustilen der Romanik, Gotik und italienischen Renaissance mit skulpturengeschmückten Loggien, Balkons, Terrassen und gepflegten Vorgärten ausgestatteten Villen (86). Zwischen beiden Straßen bestand bis 1937 das »Tivoli« (87). Als Konzert- und Vergnügungsetablissement 1860 von Otto Goetze erbaut, danach mehrfach erweitert und umgestaltet, wurde dieser Garten mit dem Spiegelsaal in der Königshalle und seiner Extra-Gala-Festbeleuchtung der 40 000 Gasglühstrümpfe zu einem technischen Märchen, in dessen Kulissen sich die Hannoveraner bei Bier und Kaffee und beim Karussellpromenieren den aus der großen Musikmuschel den Garten überflutenden Klängen der »renommiertesten« Orchester hingaben. Wiederholt stand das »Tivoli« im Glanze kaiserlichen Besuchs, denn nach 1866 war es von den »Preußen« okkupiert, während sich die »Hannoveraner« in das »Odeon« vor dem Steintor zurückzogen. Nach und nach schürzten sich »Tivolis« Musen leichter, aus dem gutbürgerlichen Konzertgarten wurde ein Spezialitätentheater und schließlich ein Varieté.

86 Schiffgraben. Rechts das Eckhaus zum heutigen Emmichplatz. Foto: Um 1885

87 Im »Tivoli«. Foto: Georg Reese. Um 1880

88 Das »Neue Haus«. Foto: Um 1900

Nicht weit entfernt stand am Eingang zur vorderen Eilenriede seit Anfang des 18. Jahrhunderts Hannovers ältestes Ausflugslokal, das ursprünglich als Pesthaus gedachte »Neue Haus«. Im Zuge der Umwandlung der vorderen Eilenriede in einen Waldpark mußte das alte Fachwerkhaus 1894 einem von Paul Rowald in italienischer Renaissance entworfenen Prachtbau weichen, den eine Terrasse, ein großer Konzertgarten und üppige Bepflanzungen umgaben (88). Im Kriege beschädigt, dann wiederhergestellt, wurde das »Neue Haus« in den sechziger Jahren abgerissen.

Am alten »Neuen Haus« hatten 1865 auch die ersten Tiere in behelfsmäßigen Käfigen auf die Fertigstellung des Zoologischen Gartens warten müssen. Doch wurden die vom Architekten Wilhelm Lüer geschaffenen Anlagen dann bald gelobt: »Die phantastischen Grottenbauten sind in sinnvoller Weise der Natur nachgeahmt und die Gebäude und Hütten, dem eigenartigen Leben der Tiere entsprechend, in schönster Weise durchgeführt« (89). Trotz intensivster Bemühungen der Direktoren und der Zookommission hatte der auf eine Initiative des Bürgervorstehers Dr. Hermann Schläger zurückgehende und als Aktiengesellschaft betriebene Zoo unentwegt mit vielerlei Unbill und anhaltenden finanziellen Schwierigkeiten zu kämpfen. Ohne den geduldigen Opfersinn der Bürger und die wiederholten Zuschüsse der Stadt wäre das Ende der Aktiengesellschaft schon eher gekommen. 1920 übernahm die Stadt den »Zooloschen«, wie ihn die Hannoveraner liebevoll nannten, um ihn zwei Jahre darauf schließen und alle Tiere verkaufen zu müssen. Auf Initiative des »Volkswillen« und mit Hilfe eines eigens dazu ins Leben gerufenen Vereins wurde der Zoo 1924 wieder eröffnet, in dem die Hannoveraner jetzt nicht nur fremde Tiere kennenlernen konnten, sondern auch mit Konzerten des Zoo-Orchesters, mit Kostümfesten, Winterbällen, Heißluftballonstarts und Freilichtkinovorstellungen unterhalten wurden. Als die Wirtschaftskrise nach wenigen Jahren zu einer Drosselung der städtischen Mittel und damit zur Reduzierung des Tierbestandes führte, rettete die Tierhandlung Ruhe unter dem Motto: »Ist die Zeit auch noch so mies, der Zoo bleibt doch ein Paradies« das erneut gefährdete liebste Kind der Hannoveraner. Die erfolgreiche Aufbauarbeit der Firma Ruhe/Alfeld machte der Krieg zunichte. Wegen der zahlreichen Verluste an Tieren und Gebäuden schloß der Zoo Mitte 1944 seine Pforten – um bereits am 15. Mai 1946 unter teilweise sehr provisorischen Verhältnissen wieder zu öffnen. An dem gegenwärtigen zugkräftigen Werbeslogan: »Mal andere Gesichter sehen« scheint schon immer etwas dran gewesen zu sein.

Neben dem »Neuen Haus«, in der von Trip »zu einem schönen Waldpark mit kleinen malerischen Wiesen, anmutigen Wasserflächen, plätschernden Bächen und einem reichen Flor heimischer Waldblumen« umgewandelten vorderen Eilenriede, luden zu Einkehr und Verzehr weiter draußen der

89 Antilopenhaus im Zoologischen Garten. Postkarte. 1905

90 Lister Turm. Postkarte. 1905

1896 im Stil eines Jagdschlosses fertiggestellte »Lister Turm« (90) und die Waldwirtschaft »Steuerndieb« ein, die ihren Namen nach einem Wartturm führte, der später hauptsächlich dazu bestimmt war, »dem heillosen Treiben der Holzdiebe zu steuern«. Aus »steure den Dieben« wurde der heutige Name »Steuerndieb«. In der Eilenriede ging man jedoch nicht nur mit dem Ziel einer gemütlichen Rast in einladenden Kaffeewirtschaften spazieren, hier kam auch der Sport zu seinem Recht. Auf den streng nach Damen und Herren abgeteilten Wiesen bei »Steuerndieb« tummelten sich die Anhänger des 1907 gegründeten Luftbad-Vereins, außerdem drehten hier die Anhänger einiger dreißig Radsportvereine ihre Runden. Und seit 1924 fand auf der wegen ihrer Spitzkurven gefürchteten 4,8 km langen Strecke Steuerndieb – Lister Turm – Zoo »der schönste und berühmteste deutsche Motorrad-Meisterschaftslauf«, das Eilenriederennen, statt (91). Im ersten Jahr erreichte Toni Bauhofer, von Zehntausenden bejubelt, mit 78 km/h die Tagesbestzeit. Das Eilenriederennen, jährlich als erster der vier deutschen Meisterschaftsläufe gefahren, wurde in der Sportwelt sehr schnell populär und Hannover »die Stadt des Eilenriederennens«. Das letzte Eilenriederennen fand 1955 statt. Die Höchstgeschwindigkeit betrug 144 km/h. Mehr ließen die kurzen Strecken nicht zu.

91 Eilenriede-Motorrad-Rennen. Foto: Um 1930

92 Stadthalle mit Hindenburg-(Eilenriede-)Stadion; jenseits der Eilenriede, Kleefeld. Luftaufnahme. Um 1935

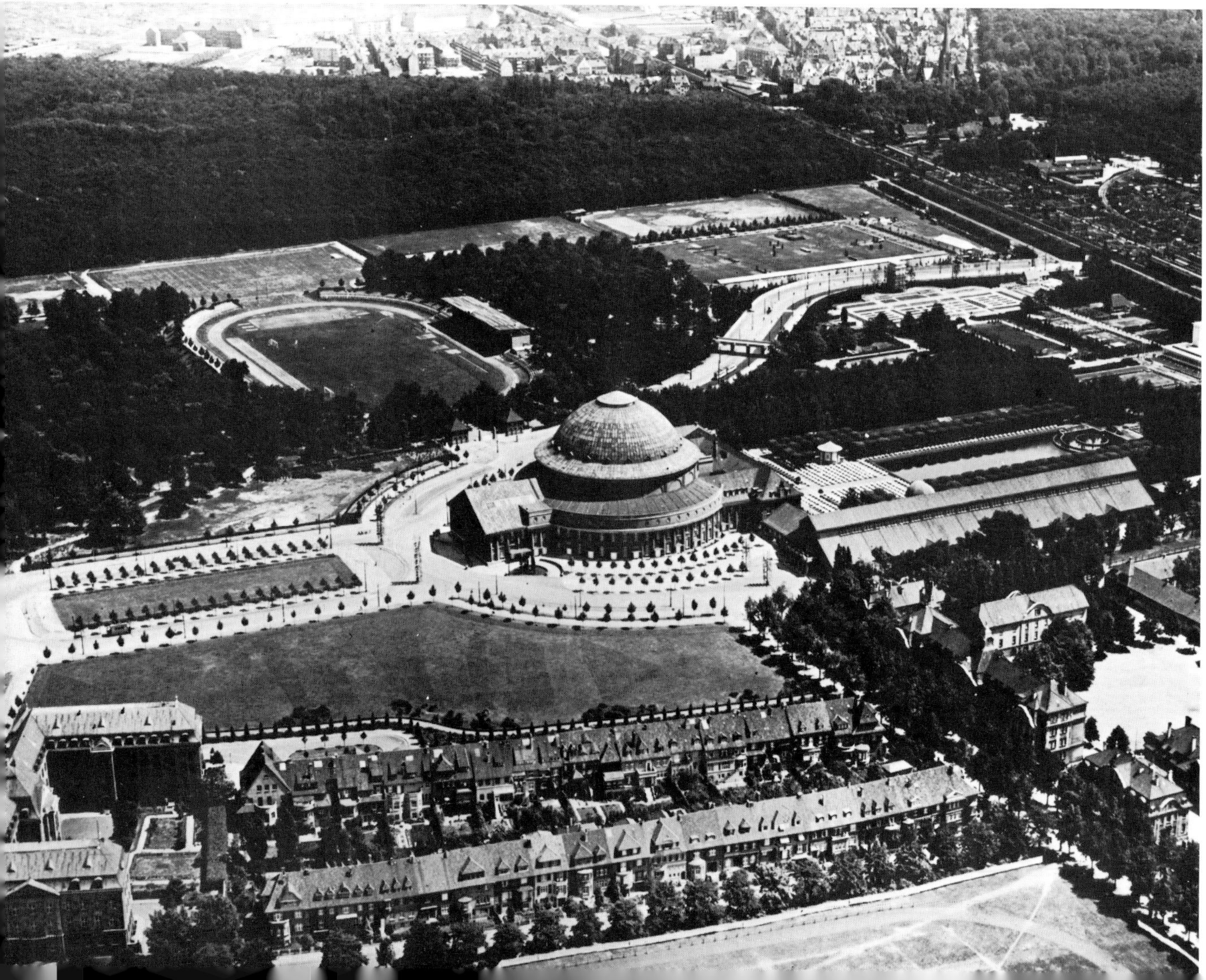

Am Rande des Stadtwaldes erhielt Hannover unmittelbar vor Ausbruch des Ersten Weltkrieges als Krönung der Bebauung des Eilenriedeviertels, das nach seinem prominentesten Bewohner später auch Hindenburgviertel genannt wird, mit der Stadthalle den mächtigen Schlußakzent des repräsentativen Bauens der Kaiserzeit (92). Nach nur zweijähriger Bauzeit konnte der am Pantheon in Rom orientierte gewaltige Kuppelbau der Architekten Paul Bonatz und Friedrich Scholer fertiggestellt und am 11./12. Juni 1914 mit einem Musikfest feierlich eingeweiht werden. Den Auftakt bildete, wie konnte es anders sein, Beethovens »Weihe des Hauses«. Es folgten Haydn und Bruch. Max Reger und Siegfried Wagner dirigierten eigene Werke. Die Stadthalle war nicht nur aufgrund ihrer vielfältigen Zweckbestimmung als Ort für musikalische Veranstaltungen, Massenaufführungen, Bankette, Kongresse, Versammlungen und Ausstellungen oder angesichts ihrer Baumasse etwas Außergewöhnliches für Hannover, sie war, obgleich nur ein Jahr später vollendet, aber fast zehn Jahre später geplant als das Neue Rathaus, vor allem Ausdruck einer gewandelten, modernen Baugesinnung. Die Zeit des Historismus war vorüber. Denn nach voraufgegangenen Jugendstilbauten, wie dem Goseriedebad und verschiedenen Schulen, setzte sich gleichzeitig mit der Stadthalle auch im Verwaltungsgebäude der Conti und der Oberrealschule am Clevertor ein neuer, fast ornamentloser Klassizismus »klarer Formen und ruhiger großer Räume« durch.
Verschiedene Großbauten aus dem Anfang unseres Jahrhunderts hatten auch im Bereich der vor dem Aegidientor liegenden ehemaligen Gartengemeinden Kirchwende und Heidorn einige bemerkenswerte Akzente gesetzt: direkt am Aegidientorplatz das Hansa-Haus und die Landschaftliche Brandkasse, am Schiffgraben die Landeskreditanstalt der Provinz Hannover, in der Höltystraße Kreissparkasse und Landratsamt und in der Arnswaldtstraße die Allgemeine Ortskrankenkasse – sämtlich zwischen 1907 und 1914 entstanden und Zeugen des Stilumbruchs, der die deutsche Architektur damals kennzeichnete. Der älteren Formensprache gehörte die 1891 von Eberhard Hillebrandt vollendete neue Gartenkirche an (93), ein neugotischer Hallenbau aus Deistersandstein mit einem 90 Meter hohen Turm, der zum Wahrzeichen der Marienstadt wurde. Diesem im Zuge wachsenden Wohlstandes und blühenden kirchlichen Lebens reich ausgestatteten Neubau hatte die schlichte, turmlose alte Gartenkirche weichen müssen, die als erste Kirche außerhalb der Wälle 1749 für die vor den Toren wohnenden Gartenleute gebaut worden war. Der ihr zugehörige, 1741 eröffnete und 1864 geschlossene Gartenfriedhof gilt als einer der kulturgeschichtlich bedeutendsten Begräbnisplätze der Stadt. Künstlerisch bemerkenswerte Grabdenkmale, die Grabstätten bekannter Hannoveraner – darunter: die Astronomin Caroline Herschel, Hannovers Bürgermeister der Franzosenzeit, der »Maire« Iffland, Charlotte Kestner, geb. Buff, der Goethe im »Werther« literarische Unsterblichkeit verlieh, und Georg Friedrich Grotefend, Entzifferer der Keilschrift, sowie die Kuriositäten des soge-

93 Gartenfriedhof und Gartenkirche von der Arnswaldtstraße aus. Foto: Carl Thies. 1. 2. 1915

94 Häuser der Gartenleute in der Baumstraße (Schwerdtmanns Hof). Foto: Friedrich Reinecke. 1902

95 Tierärztliche Hochschule. Luftaufnahme: 1932

nannten Menschenfressergrabes und des geöffneten Grabes, lassen einen Besuch des Gartenfriedhofes auch heute noch lohnend erscheinen.

Um die Jahrhundertwende verschwanden auch in der Marienstadt die letzten Häuser der Gartenleute (94). Vorbei war es mit den Kotsassen, aus denen der Volksmund »Kosaken« und dann »Gartenkosaken« gemacht hatte. Längst hatte die Bebauung das 1863 eingeweihte Henriettenstift, eine von der Königin Marie mit dem Erbe ihrer Großmutter, der Herzogin Henriette von Württemberg, begründete und nach dieser benannten Evangelisch-lutherischen Diakonissenanstalt, völlig eingeschlossen und dem genannten Viertel bis zur Göttinger Bahn und dem Südbahnhof, der ehemaligen Endstation der Altenbekener Bahn, ein städtisches Gepräge verliehen. Hinter der Bahn auf der Großen Bult, deren Name auf gras- und moosüberwachsene niedrige Bodenschwellen oder Hügel in feuchtem Wiesengelände, den sogenannten Bulten oder Bülten zurückgeht, weshalb auch die Fahrwege nach Misburg und Bischofshol von alters her den Namen Damm führten, entstanden auf weiten Flächen vorwiegend öffentliche Einrichtungen. 1899 bezog die aus der Enge des Clevertores gewichene Tierärztliche Hochschule ihre Neubauten an Misburger und Bischofsholer Damm und verfügte nun endlich über die für Forschung, Lehre und Heilung dringend erforderlichen Räumlichkeiten (95). Kurz zuvor waren in unmittelbarer Nachbarschaft Schwesternhaus und Stift zum Heiligen Geist, beide ebenfalls aus der Innenstadt ausgesiedelt, eröffnet worden. Schon seit 1881 war der Vieh- und Schlachthof auf der Bult in Betrieb. Hier wurde »durchweg nur bestes Vieh, größtenteils aus den Leine- und Wesermarschen, auf den Markt gebracht«, denn »der Fleischer in Hannover nimmt nur bestes Vieh ab, da die Bevölkerung von alters her hier nur beste Fleischqualitäten kauft«.

Anfang unseres Jahrhunderts wurden die ausgedehnten Freiflächen der Großen Bult auch für den Sport entdeckt. 1906 konnte die neue, allen Anforderungen entsprechende Pferderennbahn mit Flachbahnen, Hindernisbahnen, Tribünen, Totalisator, Stallungen und Sattelplatz eröffnet werden (96). Die hier vom Verein zur Förderung der Landespferdezucht an acht Tagen des Jahres veranstalteten Rennen erlangten einen weit über Deutschland hinausreichenden Ruf. Ähnliche Erfolge wurden auf der bereits 1888 in der Nähe des Pferdeturmes angelegten Radrennbahn erzielt.

96 Tribüne der neuen Pferderennbahn auf der Großen Bult. Postkarte. Um 1910

97 Waldgaststätte Bischofshol. Postkarte. Um 1930

98 Tiergartenrestaurant. Postkarte. 1908

Damit hatten die Radsportler, die ihre Leistungsvergleiche anfangs im Tiergarten und auf Vereinsanlagen, ihre »Velozipied-Rennen« seit 1869 um das Rondell des Schützenplatzes austrugen, verhältnismäßig früh eine wettkampfgerechte Mehrzweckbahn erhalten. Außerdem bot ihre mit einer Teerdecke versehene Rundbahn gute Voraussetzungen für Laufwettbewerbe und das innerhalb ihres Ovals liegende Rasenspielfeld genügend Platz für Leichtathletik, Rugby- und Fußballspiel, u. a. für den Hannoverschen Sportverein von 1896. Damit war die Radrennbahn bis zur Eröffnung des Hindenburgstadions im Jahre 1923 Hannovers wichtigste Sportanlage.

Sonntags entquollen den Straßenbahnen am Eilenriederand wahre Menschenströme. Scharenweise zog man bepackt mit großen Kuchen- oder Butterbrotpaketen, die Kinder feingemacht und in die lästigen Matrosenanzüge oder gestärkten, frischgebügelten weißen Kleidchen gesteckt, durch die Eilenriede zu Nachmittagskaffee und abendlichem Bier in die Waldwirtschaften und Kaffeegärten. Viele blieben gleich im 1890 neuerstandenen Restaurant am »Pferdeturm« hängen. Andere machten sich auf den knapp halbstündigen Weg nach Bischofshol, dem Bischofsholz (97). Beliebtestes Ziel vor allem für Schulfeste war jedoch der Tiergarten (98). Herzog Johann Friedrich hatte ihn 1679 für Hofjagden anlegen lassen. Die Stadt bewahrte ihn 1903 durch Ankauf vor Abholzung und Bebauung und errichtete ein modernes Restaurant mit großen Sälen und einem riesigen Kaffeegarten, in den auch die zutraulichen Tiere Zugang hatten. Nachdem Mitte der 1930er Jahre der Lönspark Tiergarten und Eilenriede miteinander verbunden hatte, konnte man in einem ununterbrochenen Waldspaziergang vom Tiergartenrestaurant zum Döhrener Turm am Südende der Leinemasch gelangen, wo einzukehren sich ebenfalls lohnte. Denn was sollte man am Sonntag, wenn man wirklich etwas anderes sehen und erleben wollte, denn sonst machen. Automobile, um damit weiter ins Grüne hinauszufahren, hatten um die Jahrhundertwende nur wenige, von Radio und Fernsehen träumte überhaupt noch keiner, und die wenigen Kinematographentheater kämpften noch gegen ihre Kinderkrankheiten. Also ging's so weit hinaus aus der Stadt, wie Pferde- bzw. Straßenbahnen fuhren. Dabei war die Fahrt zum Döhrener Turm (99), in dessen Nachbarschaft sich der Ziegeleibesitzer Willmer 1884/86 von Karl Börgemann für zwei Millionen Goldmark eine 75-Zimmer-Villa in bestem neugotischen Stil (100) hatte erbauen lassen, immer ein besonderes Erlebnis. Denn auf der Hildesheimer Straße ging die Straßenbahn in die Höhe (101). Sie mußte die Altenbekener Eisenbahnstrecke auf einer Rampe überqueren; um vollbesetzt hinüberzukommen, bedurfte sie manches liebe Mal eines Vorspanns. Diese mühsame Fahrerei ging 1909 zu Ende, als die Altenbekener Strecke weiter südlich im großen Bogen um die Aegidienmasch herumgeführt, der Bahndamm abgetragen und als Altenbekener Damm später zur Straße wurde. Als die Pferdebahn 1872 ihren Betrieb aufgenommen hatte, fuhr sie bereits bis in die Höhe der Seilerstraße durch ein ziemlich geschlossenes Wohngebiet. Die 1875 eröffnete Lagerbierbrauerei, der 1864 eröffnete Engesohder Friedhof und der Döhrener Turm bildeten allerdings noch weit draußen liegende Vorposten.

Die Anlegung des Friedhofes auf dem Engesohder Berge war notwendig geworden, da sich der Gartenfriedhof angesichts der auch im Bereich der heutigen Südstadt sehr schnell zunehmenden Bevölkerung als zu klein erwies. Mit Eröffnung des Engesohder Friedhofes wurden der Gartenfriedhof, der Soldaten- und Invalidenfriedhof sowie der katholische Friedhof geschlossen. Die beiden letztgenannten, zwischen Hildesheimer und Maschstraße, etwa auf dem Gelände der heutigen Stadtbücherei liegenden Friedhöfe, dienten nach ihrer Auffassung als Grünanlage und wurden 1926 zur Bebauung freigegeben. Der Engesohder Friedhof, mit dem die Kommunalisierung des von der Kirche finanziell nicht mehr zu leistenden Begräbniswesens begann, folgte in seiner von Droste entworfenen Anlage mit Achsenkreuz, Rundplätzen und rechteckigen Feldern Strukturelementen barocker Gartenkunst. Dieser klaren Gliederung entspricht die den Friedhof zur Alten Döhrener Straße abschließende Architektur, die sich in dem von Droste stets bevorzugten Ziegelbau romanischen Stils in strenger Symmetrie zu beiden Seiten der hohen Wandelhalle erstreckt und in ihre Arkaden zur Friedhofsseite öffnet. Bemerkenswert ist ein hierzulande selten anzutreffender Urnenhain wegen seiner etagenweise in Sandstein eingelassenen Urnenkämmerchen, den sogenannten Kolumbarien. Zahlreiche Hannoveraner, die Leben und Bild der Stadt mitgestaltet haben, fanden auf dem Engesohder Friedhof ihre letzte Ruhestätte, darunter Rasch, Wallbrecht, Laves, Hase, Bödeker und Karmarsch. Auf seiner Westseite grenzte der Friedhof an die Aegidienmasch, die dem rechten Leineufer bis an die Innenstadt folgte. Die Maschwiesen wurden von alters her landwirtschaftlich genutzt. Sie erbrachten jährlich zwei Heuernten und dienten nach der letzten den Hammeln der Schlachterinnung noch einige Wochen als Weide. Im Frühjahr und im Herbst durfte sich Hannovers Jugend in der Masch ausgiebig tummeln. Es wurden aufregende Expeditionen in die Prärien und Dschungel des Leinetales unternommen, Drachen stiegen in den Herbsthimmel und Schlachtrufe ertönten, wenn die Stadtjapper, die Jungen aus der Innenstadt, gegen die Kosaken, die Jungen der Gartenleute aus der Südstadt, zu Kämpfen antraten, an deren Ende die jeweiligen Sieger, wie Georg Schnath erzählte, das Lied anstimmten: »Auf der Masch war eine Schlacht, juppheidi, juppheida, da hab'n wir alle mitgemacht, juppheidi, juppheida, Steine flogen, Zucken zogen, und die Kosaken/Japper sind geflohen, juppheidi, juppheida...« Einigkeit hingegen herrschte im Spätherbst, wenn die Masch für das Wintervergnügen des Schlittschuhlaufens geflutet wurde und es gemeinsam unter Einsatz aller verfügbaren Hunde auf die Jagd nach den aus der Masch in die Keller der hinter der Rudolf-v.-Bennigsen-Straße liegenden Häuser fliehenden Feldmäuse, Maulwürfe und sonstigem unterirdischen Getier ging. Die alte Masch war schon ein herrliches Kinderparadies. Im Winter, bei knackigem Frost, wurde sie es dank ihrer großen Eisfläche dann auch für die Erwachsenen (102). Jetzt wurde nach Herzenslust und Können Schlittschuh gelaufen, wobei sich der berühmte Geiger Joseph Joachim, der anfangs wenig Erfolg auf dem Eis hatte, von dem ihn begleitenden Buttjer sagen lassen mußte: »Tja, Herr Professer, sau lichte as Viggelinspeeln is et nich.« Da das Eislaufen auf dem Teich im neuangelegten Maschpark 15 Pfennig kostete, was sich nur Wohlhabendere leisteten, war dieser bei Stadtjappern wie bei Kosaken als »Protzentümpel« verschrien, denn auf der großen Masch kostete es fünf Pfennig und weniger. Es gab Leute, die die Eisfläche blankfegten, die beim Anschnallen der Schlittschuhe und beim Lernen des Schlittschuhlaufens behilflich waren. Es gab Beleuchtung und Musik, es gab Bummelmeiers und Schraders legendäre Buden, wo sich die Durchgefrorenen mit heißem Grog aufwärmen konnten. Außerdem wurde in der südlichen Masch Eis »geerntet«. Es wurde in Blöcke zersägt, mit einem Laufband in einen isolierten Schuppen auf den Engesohder Berg befördert und dort bis zur Verwendung im nächsten Sommer gehütet.

Auf der anderen Seite der Leine, in der Ohe-Masch, lockte die Gartenwirtschaft »Bella Vista«, eine herrliche klassizistische Villa mit Säulenhalle, die Laves einst für den Minister von Schulte erbaut hatte. In ihrem Garten trafen sich auf Einladung der Deutsch-Hannoverschen Partei alljährlich am

99 Döhrener Turm; davor Straßenbahnzug der Linie 1 mit Dachsitzwagen. Foto: Um 1897

◁ *100 Villa Willmer, »Tränenburg«, an der Hildesheimer Straße. Foto: Um 1908*

◁ *101 Städtische Lagerbierbrauerei an der Hildesheimer Straße mit der über die Altenbekener Bahn hinwegführenden Rampe. Lithographie. Um 1900*

103 Auf dem Schützenplatz. Foto: Karl F. Wunder. 1887

102 Eislauf auf der Masch. Postkarte. Um 1905. Seite 72 ◁ unten

27. Juni die Veteranen der Schlacht von Langensalza, die jedes Jahr älter und jedes Jahr weniger wurden und mit der Zeit nur noch ein klägliches Schauspiel boten.

Ebenfalls von Laves stammte das schräg gegenüberliegende Schützenhaus, Zentrum des seit 1826 in der Ohe stattfindenden, weit über Hannover hinaus bekannten Schützenfestes (103). Es fand damals wie heute im Juli statt, und sein vom Alten Rathaus ausgehender Umzug brachte ganz Hannover auf die Beine, denn das Schützenfest trug schon immer den Charakter eines »echten, rechten Volksfestes, an dem sich jung und alt, hoch und niedrig, jeder Stand, jede Schicht der Bevölkerung in ungebundener Fröhlichkeit beteiligte«.

Folgt man dem »Führer durch Hannover« für die Jahre 1912/13, so war die »Königliche Haupt- und Residenzstadt Hannover«, die 1907 an rund 700 Straßen und Plätzen auf 12254 bebauten Grundstücken 15586 Wohnhäuser und 5878 Gebäude für gewerbliche Zwecke und 1910 bereits mehr als 300000 Einwohner zählte, am Vorabend des Ersten Weltkrieges durchaus eine Stadt, in der zu leben viel Angenehmes hatte. Sie bot eine reiche Fülle künstlerischer und geistiger Genüsse, hatte mustergültige Unterrichtsanstalten und Hochschulen, ein blühendes Gewerbe, regen Handel und eine hochentwickelte Industrie, ausgezeichnete Verkehrsmittel, eine starke Garnison und »auf der Höhe stehende kommunale Einrichtungen aller Art«, vor allem aber Parks, Waldungen und Wiesen, »die bis fast in die Mitte des Häusermeeres hineinreichen«, dazu geringe Gemeindesteuern, niedrige Wohnungsmieten, billige Lebensmittelpreise und zu allem das beste Deutsch.

Für Herbert Ihering, den später berühmten Theaterkritiker, den Henning Rischbieter mit Karl Jacob Hirsch und anderen Zeugen der Zeit in seinem »Hannoverschen Lesebuch« zu Wort kommen läßt, war Hannover in seiner gesellschaftlichen Gliederung ... streng geregelt und konservativ. Es wurde auf Unterschiede und Formen gehalten ... Die Gemessenheit der Umgangsformen war peinlich korrekt und beinahe steif. Die Klassen schlossen sich gegeneinander ab, und selbst durch die Beamtenschaft zogen sich Grenzlinien, so daß es nicht immer klar war, ob ein Gymnasialoberlehrer in den Kreisen der höheren Richter verkehren konnte. Karl Jacob Hirsch, der Verfasser des Romans »Kaiserwetter«, bestätigte Iherings Beobachtung und vertiefte sie: »Das Beamtentum war tonangebend und mehr noch der Offizier.« Im übrigen war die Rangfolge »wie in den Kinderspielen: König, Edelmann, Bürger und Bettelmann. Der vierte Stand murrte und war stark vorhanden, aber machtlos. Die gottgewollte Ordnung hatte gewiß in Hannover ihren sichersten Platz.«

104 Einweihung des Neuen Rathauses am 20. Juni 1913. Foto: Carl Thies

Das neue Rathaus

Strahlender Sonnenschein hatte am 20. Juni 1913 über Hannover gelegen, als am Rande des Maschparks Heinrich Tramms »Magistratspalast«, eine eindrucksvolle Zurschaustellung spätbürgerlichen Selbstverständnisses, im Beisein des Kaisers feierlich eingeweiht wurde (104, 105). Es war ein Tag zum Feiern, zwischen »Meistersingern« und Wettschwimmen ein Höhepunkt in einer Festwoche voller kultureller und sportlicher Ereignisse. Die Einweihung dieses Neuen Rathauses, das im Großen auf das Deutsche Reich wie im Kleinen auf die Stadt bezogen, Machtbewußtsein, Geltungsdrang, Selbstzufriedenheit, aber auch berechtigte Freude über das Erreichte verkörperte, fiel in eine Zeit, die mit dem 25jährigen Thronjubiläum Wilhelms II. und dem europäischen, dauerhaften Frieden verheißenden Fürstentreffen anläßlich der Vermählung der Kaisertochter Viktoria Luise mit dem Welfenprinzen Ernst August rein äußerlich als ein Höhepunkt dieser Wilhelminischen Epoche scheinen will: in Berlin der Stolz Wilhelms II., die Herrscher Europas versammelt zu haben, in Hannover der Stolz Tramms über den aus einem gesunden städtischen Haushalt ohne Kredite finanzierten Zehnmillionenbau. »Alles bar bezahlt!« hatte Tramm seinem allerhöchsten Landesherrn nicht ohne Genugtuung verkünden können. Es war wieder einmal »Kaiserwetter«, als diese Worte fielen. Und der schöne Sommertag wurde angeblich nur durch eine kleine Wolke des Mißvergnügens getrübt, als Seine Majestät im Sitzungssaal der Städtischen Kollegien das auf Tramms Betreiben von Ferdinand Hodler geschaffene Monumentalgemälde »Einigkeit« zu Gesicht bekam, das die 1533 auf Hannovers Marktplatz geschehene Volksabstimmung über die Einführung der Reformation darstellte (106).

Weder Wilhelm II. noch Heinrich Tramm, von den Hannoveranern in respektvollem Spott »König Heinrich« genannt, autoritär der eine wie der andere, doch beide bemüht, ihre Untertanen in diesen »herrlichen Zeiten« auf ihre Weise glücklich zu machen und zufrieden zu stellen, haben bei diesem letzten großen Kaiserbesuch in Hannover voraussehen können, daß die Jahre ihres Amtes gezählt waren. Doch im »Jubeljuni« 1913 stand Heinrich Tramm (107) im Zenit seines Wirkens für die Vaterstadt, und dieser hatte er jetzt

105 Das Neue Rathaus. Maschparkseite. Foto: Um 1925

ein neues Rathaus beschert, bombastisch und geräumig, 129 m lang und mit 97,67 m noch gut einen halben Meter höher als die Marktkirche. Von den einen als »Wilhelminische Prachtkommode« verspottet, weil sie meinten, es passe nicht zur hannoverschen, eher aufs Schlichte gerichteten Sinnesart, von den anderen als steinernes Bilderbuch ehrfürchtig bestaunt, weil es eine Unmenge an Standbildern und Reliefs zu Niedersachsens und Hannovers Geschichte bot. Nach zwei Wettbewerben hatte das Preisgericht schließlich 1897 gefunden, was ihm vorschwebte, den Entwurf für ein großartiges, vom Kestner-Museum und dem noch zu errichtenden Haus der Bauverwaltung flankiertes Rathaus, das jedoch nicht den althergebrachten und andernorts üblichen Turm, sondern zur Verschönerung des Stadtbildes ein »bekrönendes Architekturteil«, nämlich eine Kuppel, erhalten sollte. Architekt dieses kommunalen Verwaltungs- und Parlamentsgebäudes, das wegen seiner Kuppel oftmals für ein Schloß, von manchen gar für einen Dom gehalten wurde, war Hermann Eggert aus Berlin. Anfangs lief alles planmäßig. 1901 begann das Einrammen der 12500 Buchenstämme, auf dem das stolze Bauwerk im feuchten Grund der Masch ruht, 1903 folgte die feierliche Grundsteinlegung, 1907 kam der Krach. Tramm, wahrscheinlich beeinflußt von dem mit ihm befreundeten Max Liebermann und dem neuen Stadtbaurat Carl Wolff, drängte Eggert, zur Innenausstattung Künstler des Jugendstils heranzuziehen, und in der Bevölkerung wurde angesichts der ausufernden Produktion von Skulpturen und architektonischem Zierat bereits von Geld-aus-dem-Fenster-Werfen geredet. 1909 legte Eggert die Bauleitung nieder. Sein Nachfolger wurde der auch von Paul Wallot, dem Erbauer des Reichstagsgebäudes, empfohlene Baurat Gustav Halmhuber aus Stuttgart. Der neue Mann lichtete die plastischen Vorarbeiten der Eggertschen Bildhauer und beauftragte mit der Innenausstattung Künstler, die sich dem Jugendstil verschrieben hatten.

So wurde Hannovers neues Rathaus ein Beispiel für den sich durchsetzenden Geschmackswandel. Es entstand in einer Zeit des Umbruchs vom Historismus zum Jugendstil und verbarg hinter seinen rückwärtsgewandten Neorenaissance-Fassaden eine moderne, in die Zukunft gerichtete Baugesinnung. Gerade diese Zwiespältigkeit läßt es aus der Rückschau als Symbol der damaligen Zeit erscheinen, in der unter glänzender Oberfläche soziale Spannungen zur Entladung drängten.

106 Gemeinschaftlicher Sitzungssaal der Städtischen Kollegien, nach Ferdinand Hodlers Gemälde »Einigkeit« auch »Hodlersaal« genannt. Foto: Um 1915

107 Stadtdirektor Heinrich Tramm an seinem Arbeitsplatz. Foto: Um 1910

108 Hermann Löns (1866–1914). Foto: Um 1912

Im Ersten Weltkrieg

Ein Jahr nach der Einweihung des Neuen Rathauses und nur drei Wochen nach der Eröffnung der Stadthalle fielen die Schüsse von Sarajewo. Schnell wurde zum Schlußakkord, was ein auf Fortschritt und Erfolg bauendes Bürgertum eben erst als Höhepunkt architektonischer Selbstdarstellung gefeiert hatte. Eine vermeintlich große Zeit, die vielen Mitlebenden herrlich erschienen war und die von vielen Nachlebenden leichthin zur guten alten Zeit verklärt wurde, begann ihrem unvermeidlichen Ende entgegenzueilen. Der Imperialismus zog die europäischen Großmächte in den Krieg. Jede fühlte sich herausgefordert und in ihren hegemonialen Gelüsten bedroht. Die Völker, jahrelang von Politikern und Journalisten auf verhängnisvolle Weise gegeneinander aufgeladen, gefielen sich in Kriegsfreude und begrüßten die Mobilmachung als befreiendes Abenteuer. Deutschland, groß, mächtig und selbstbewußt, sah seine starke Stellung in der Mitte Europas von allen Seiten gefährdet. Die Nation hatte über alle Gegensätze hinweg wieder ein Ziel. Wilhelm II. kannte plötzlich keine Parteien mehr, und der Führer der sozialdemokratischen, mit 110 Abgeordneten stärksten Reichstagsfraktion bekannte: »Wir lassen in der Stunde der Gefahr das eigene Vaterland nicht im Stich.« Ein unbeschreiblicher, heute völlig unverständlicher Jubel ließ über die Gestellungspflichtigen hinaus mehr als zwei Millionen Freiwillige zu den Fahnen eilen.

Zu ihnen gehörten die Hannoveraner Hermann Löns, Gerrit Engelke und Horst Berkowitz – drei aus der Millionenschar der anonym Gebliebenen. Schon am ersten Mobilmachungstag zogen die hannoverschen Infanterieregimenter 73 und 74 und die reitende Abteilung des 10. Artillerieregiments gen Westen, wo sie im Verband des X. Armeekorps unter General von Emmich an der Eroberung der Festung Lüttich im Einsatz waren. Im September wurde der Kriegsfreiwillige Hermann Löns (108) den 73ern zugeteilt, bei denen Ernst Jünger als Leutnant stand. Leben und Schicksal des egozentrischen, unstet und hektisch umgetriebenen Journalisten und Schriftstellers hat Martin Anger kürzlich »aus heutiger Sicht« geschildert, so daß hier wenige Angaben genügen mögen. 1893 war der völlig mittellos nach Hannover gekommene Löns von August Madsack nach anfänglichem Zögern für seinen eben gegründeten »Hannoverschen Anzeiger« engagiert worden. Löns' angriffslustige Gedichte und Betrachtungen gewannen der neuen Zeitung viele Leser. Als »Fritz von der Leine« wurde Löns ungeheuer populär. Er war der »Starjournalist« Hannovers, und doch hielt es ihn nicht beim »Anzeiger«. Er wechselte von Zeitung zu Zeitung, frönte mit Hingabe seiner Jagdleidenschaft und wurde mit seinen Geschichten, Erzählungen und Romanen zum literarischen Entdecker und Propheten der Lüneburger Heide. Seine auf subtilen Beobachtungen beruhenden Erzählungen aus Wald und Heide, die noch heute zum Lesbarsten gehören, was er schrieb, begründeten mit der Tiergeschichte eine neue Literaturgattung. Ein Verherrlicher des Krieges,

109 Feldstellung in der Vahrenwalder Heide: Schützengraben mit Flankierungsstellung. Postkarte. Um 1916

den er kommen sah, war er wohl trotz seines 1910 entstandenen »Englandliedes« nicht. Denn unter den 5000 Kriegsgedichten, die nach der Mobilmachung in den deutschen Zeitungen erschienen, sucht man Lönssche Verse vergeblich. »Alle Leute erwarten von mir Kriegslieder, aber mir kommt es dumm vor, dazusitzen und zu dichten, und Leute, die älter und schwächer als ich sind, ziehen mit.« Die Gründe, die ihn mit Heftigkeit an die Front drängten, waren sicher vielschichtig: die unbestimmte Erkenntnis, mit dem eigenen bürgerlichen Leben nicht zurechtgekommen zu sein, eine möglicherweise daraus resultierende Todessehnsucht, das ihn stets begleitende Gefühl der Verbundenheit mit den breiten, jetzt im Schützengraben stehenden Volksschichten, oder das nicht zu unterdrückende Verlangen, das grausame Kriegsschauspiel aus der Nähe zu beobachten und mitzuerleben. Doch der Schlachtenlärm erfüllte ihn bald mit Widerwillen. Am 26. September setzte eine feindliche Kugel seinem Leben bei Reims ein Ende. Das makabre Schicksal seiner Gebeine spiegelt die gezielten, dann abrupt abgebrochenen Bemühungen der Nazis, mit Löns die Ahnenreihe ihrer Wegbereiter um einen zugkräftigen Namen zu bereichern. Nach einem unwürdigen Hin und Her fanden Löns' sterbliche Überreste schließlich 1934 im Wacholderhain bei Tietlingen die endgültige Ruhe.

110 Schlangestehen vor der Roßschlachterei Scholz in der Knochenhauerstraße. Foto: 1918

Aus Pflichtgefühl, nicht aus Begeisterung meldete sich ein anderer Hannoveraner bei der Armee: der junge Dichter Gerrit Engelke. Geboren und aufgewachsen in Hannovers Häuserschluchten der Nordstadt, fristete Engelke, dessen Lebensinhalt Kunst, Literatur und Theater waren, der Gedichte und vollendete Prosa schrieb, sein kärgliches Leben als häufig arbeitsloser Anstreicher. »Der Zwiespalt, die Unvereinlichkeit gleichzeitiger körperlicher und geistiger Arbeit wurde mit der wachsenden Zeit immer fühlbarer und endlich unerträglich – es geht nicht mehr«, schrieb er an Richard Dehmel, den er neben Walt Whitman am meisten schätzte. Dehmel setzte sich für den Vielversprechenden ein und verschaffte ihm Kontakte. Der »Hannoversche Courier« druckte 1914 Dichtungen und Prosa. Dann kam der Krieg, den Engelke an West- und Ostfront erlebte und der ihn schon 1915 in Zweifel stürzte. »Ich schäme mich nicht zu sagen, daß oft leise Sehnsucht nach Frieden auftaucht, nach dem gewöhnlichen Alltag in Sonne, nach ruhigen Straßen, nach einem Gärtchen, Laube und Kaffeetrinken und Lektüre darin.« Dem seelenlosen Krieg setzte er seine »Menschenbrüderlichkeit« entgegen und schwärmte von einem Pazifismus, der nach seinem Verständnis von der Aufgabe der Kunst und des Künstlers nicht aus parteipolitischen Bindungen, sondern aus der Macht der Kunst über-

112 Frauen im Fahr- und Schaffnerdienst der Straßenbahn. Zug der Linie 3 mit angehängtem Sommerbeiwagen aus den 1890er Jahren. Foto: 1917

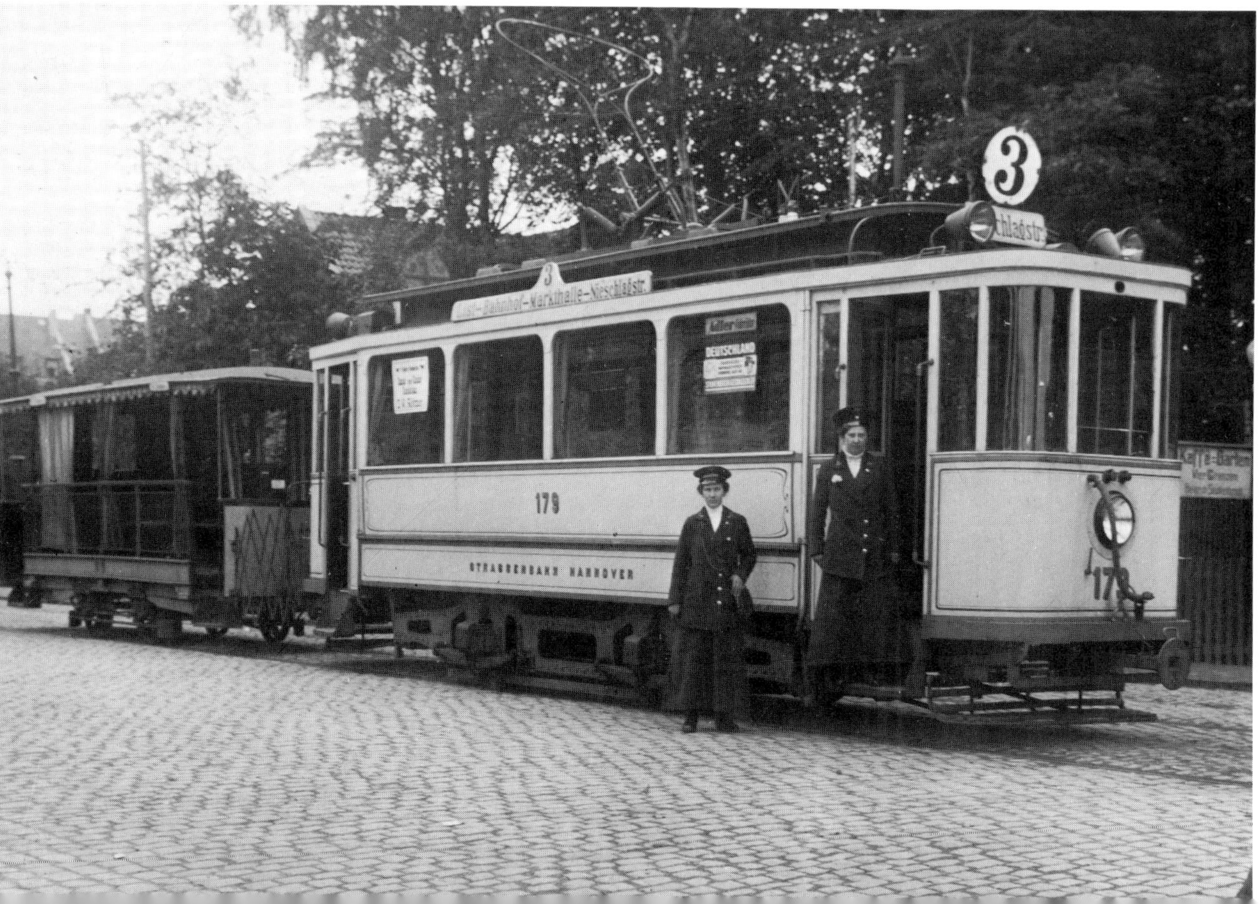

zeugen und leben sollte. Gerrit Engelke fiel im letzten Kriegsmonat. Eine erste Sammlung der Gedichte des Frühvollendeten, der mit seiner gegenwartsbezogenen Großstadtlyrik dem Expressionismus nahestand, erschien 1921 unter dem Titel »Rhythmus des neuen Europa«.
Die Begeisterung, sich für Kaiser und Vaterland einzusetzen, wie sie ungezählten deutschen Staatsbürgern jüdischen Glaubens selbstverständlich war, ließ auch den 16jährigen Horst Berkowitz kriegsfreiwillig zu den 74ern ziehen. Dieser Schritt reihte den schon seit 1911 in der Jugendwehr militärisch ausgebildeten Juden gleichberechtigt unter seine christlichen Altersgenossen. Nach der Champagne-Schlacht mit dem Eisernen Kreuz II. Klasse ausgezeichnet, wurde er 1915 bei Chemin des Dames lebensgefährlich verletzt. Daß er überlebte, war ein Wunder. Aufgrund seiner schweren Verletzungen erhielt er das Verwundetenabzeichen in Gold, das ihm später im KZ Buchenwald das Leben rettete. Nach dem Kriege trat er der zum Schutze der jungen Demokratie gegen Rechts- und Linksaufstände gebildeten Bürgerwehr bei. Drei Hannoveraner – drei Kriegsschicksale.
Der vierte Hannoveraner, der auch gern sofort nach der Mobilmachung wieder zu den Fahnen geeilt wäre, war der seit 1911 als Pensionär in Hannover lebende Paul von Hindenburg. »Der Soldat in mir wurde in seiner nunmehr alles beherrschenden Kraft wieder lebendig. Würde mein Kaiser und König meiner bedürfen?... Ich fügte mich dem Schicksal und blieb doch in sehnsuchtsvoller Erwartung.« Doch schon nach drei Wochen bedurfte der Kaiser des alten Generals, und wenige Tage darauf begründete dieser mit der siegreichen Schlacht bei Tannenberg seinen legendären, zu seinen Lebzeiten durch nichts zu erschütternden Ruhm. Die Stadt Hannover dankte ihm wie dem Lütticheroberer von Emmich den Sieg mit der Verleihung der Ehrenbürgerschaft.
Inzwischen waren Hurrapatriotismus und Kriegsbegeisterung infolge des im Westen versteiften, in unsinnige Materialschlachten ausgearteten Stellungskrieges, der mit dem letzten Aufgebot alle irgendwie noch kriegsverwendungsfähigen Männer, heranwachsende Schüler und Studenten zu den Waffen rief (109), in der Heimat bereits Skepsis, Lethargie und Resignation gewichen. Vor allem aber hatte die zunehmende Zahl der Feindstaaten und die von ihnen über das Deutsche Reich verhängte Blockade eine Umorientierung der Wirtschaft erzwungen, die sich fortan verstärkt auf Ersatzstoffe angewiesen sah und trotz der Bewirtschaftung von Lebensmitteln und der Einführung von Lebensmittelkarten eine geregelte Versorgung der Bevölkerung nicht mehr gewährleisten konnte. Viele Lebensmittel, vor allem Fleisch und Fett, wurden zu Raritäten, und lange Schlangen vor den Geschäften gehörten bald zum täglichen Straßenbild (110). Hamsterfahrten und Schwarzhandel waren an der Tagesordnung. Hatten die Hannoveraner anfangs freudig Gold für Eisen gegeben und patriotischen Sinnes mit Hingabe Kriegsanleihen gezeichnet, war ihre spontane Begeisterung, die sich auch in zahllosen Spinnstoff- und sonstigen Kriegssammlungen, im Stricken und Nähen für die Soldaten ausgedrückt hatte, doch sichtlich

111 Abgabe der Glocken der Lindener Martinskirche. Foto: 1917

erlahmt, als der Steckrüben- und Hungerwinter 1916/17 und die sich weiter verschärfende Lebensmittelverknappung der physischen Widerstandskraft des Volkes einige schwere Schläge versetzte. Auf Blitzableiter, Kirchenglocken (111) und das kupferne Dach der Stadthalle, das zur Verlängerung des Krieges demontiert wurde, hatten die Hannoveraner wohl verzichtet, auch den Einsatz weiblicher Arbeitskräfte auf den bisher Männern vorbehaltenen Plätzen noch hingenommen (112), doch die Sorge um die im Felde stehenden Angehörigen und die persönliche, infolge der Versorgungsschwierigkeiten gerade die breiten Massen treffende Not ließen sich mit patriotischem Pathos nicht mehr hinwegreden. So feierte Stadtdirektor Heinrich Tramm den siebzigsten Geburtstag Hindenburgs, des »National-Heros der Deutschen« 1917 zwar mit zuversichtlichen Worten und markigen Durchhalteappellen, stand aber mit seinen städtischen Kollegien den katastrophalen Entwicklungen völlig hilflos gegenüber. Die Kriegsmüdigkeit wuchs derart, daß sich Anfang 1918 die Zeitungen veranlaßt sahen, das Verhalten der hannoverschen Bevölkerung öffentlich zu tadeln. Doch die materielle und seelische Not hatten die Bevölkerung zermürbt und das Vertrauen in die Obrigkeit untergraben. Der Boden für die Revolution war bereitet.

113 Robert Leinert (1873–1940), Oberbürgermeister 1918–1924. Foto des Ölbildes von Ursula Voigtländer 1952

114 Sitzverteilung im Bürgervorsteher-Kollegium der Stadt Hannover

Partei/Liste bzw. Fraktion/Gruppe	23. 2. 1919	2. 5. 1924	17. 11. 1929	12. 3. 1933
Unabhängige Sozialisten (USPD)/KPD	2	9	4	5
Mehrheitssozialisten (SPD)	35	22	38	25
Deutsche Demokratische Partei (DDP)	8	3	2	—
Zentrum (1919 in Verbindg. mit der DHP)	—	3	3	3
Deutsch-Hannov. Partei (DHP)	20	11	6	3
Bürgerbund (Deutschnationale und Deutsche Volkspartei)	9	—	—	—
Hausbesitzer	6	—	—	—
Angestellte	2	—	—	—
Wirte	1	—	—	—
Tramm	1	—	—	—
Ordnungsblock (u. a. mit Tramm und Dr. Menge)	—	22	—	—
Bodenreformer	—	1	—	—
Christlicher Volksdienst	—	—	1	—
Wirtschaftspartei	—	—	1	—
Vereinigte Bürgerschaft	—	—	16	—
Kampffront Schwarz-Weiß-Rot (anstelle der Wirtschaftspartei und der Vereinigten Bürgerschaft u. a. mit Tramm)	—	—	—	6
Deutsch-Völkische Partei NSDAP	—	3	3	32
	84	74	74	74

Hannover zwischen Revolution und Inflation

Während zwischen Oberster Heeresleitung, Reichskanzlei und amerikanischem Außenministerium über die Bedingungen für die Aufnahme von Friedensgesprächen verhandelt wurde, hatte im Reich bereits der Endkampf um die Monarchie eingesetzt. Am gleichen Tage, in dessen trübem Morgengrauen Wilhelm II. Heer und Vaterland verlassen und sich ins holländische Exil abgesetzt hatte, traf in Hannover das Rücktrittsgesuch des in Berlin weilenden Stadtdirektors Tramm ein. Seine Amtszeit hatte sich fast genau mit der Regierungszeit Wilhelms II., mit der »Wilhelminischen Epoche«, gedeckt. »Sie hatte Tramm emporgetragen, mit ihr sollte er fallen.« Trotz vieler ungelöst gebliebener Probleme, deren Bewältigung nicht nur in Hannover der politische Wille der amtierenden Kommunalpolitiker und die Stadtverfassung entgegenstanden, darf die »Ära Tramm« alles in allem als eine der erfolgreichsten Epochen stadthannoverscher Geschichte angesehen werden.

Die von einer Matrosenmeuterei ausgelöste revolutionäre Bewegung hatte, von der Küste übergreifend, bereits am 6. November mit der »Königlichen Haupt- und Residenzstadt« Hannover einen wichtigen Verkehrsknotenpunkt des Binnenlandes erreicht. Doch verliefen die revolutionären Unruhen in Hannover, wo es weder einen Monarchen zu entthronen, noch eine Landesregierung zu stürzen gab, und wo die Bevölkerung von ihrer Mentalität her nie besonders radikal oder umsturzfreundlich gewesen war, verhältnismäßig glimpflich. Obgleich es in der ersten Woche nach Ausbruch der Unruhen zu Ausschreitungen und wiederholten Schießereien kam, gelang es dem unter Führung des Landtagsabgeordneten Robert Leinert stehenden Arbeiter- und Soldatenrat, im Zusammenwirken mit den traditionellen Kräften des Generalkommandos und der Stadtverwaltung verhältnismäßig schnell, Ruhe und Ordnung wiederherzustellen. Denn oberstes Ziel gerade der Führer der politischen Arbeiterbewegung war es, »das deutsche arbeitende Volk aus dem Ernährungselend des Krieges in absehbarer Zeit einer besseren Zukunft entgegenzuführen«.

Nachdem die städtischen Kollegien am 11. November Tramms Rücktrittsgesuch angenommen hatten, wählte die in der Revidierten Städteordnung von 1858 vorgesehene Wahlkörperschaft am folgenden Tage, wie vom Arbeiter- und Soldatenrat gefordert, deren Vorsitzenden, den Parteisekretär und Landtagsabgeordneten Robert Leinert (113) zum Nachfolger Tramms sowie zwei Sozialdemokraten zu ehrenamtlichen Senatoren. Das für Leinerts Amt vorgeschriebene Erfordernis der Rechtskundigkeit wurde außer Kraft gesetzt, dem neuen Amtsinhaber der Titel Oberbürgermeister zugelegt. Leinert, gebürtiger Sachse und gelernter Maler, hatte seinen Weg wie andere, damals führende Sozialdemokraten über Gewerkschaft und Zeitungsredaktion gemacht. Nachdem die Bürgerlichen, die ihn einstimmig gewählt hatten, ihren ersten Schock überwunden und in der Bürgervorsteherwahl am 23. Februar 1919 die Mehrheit

gewonnen hatten (114), blies Leinert der Wind sehr schnell und heftig ins Gesicht. Fehlende Verwaltungserfahrung und häufige Abwesenheit von Hannover, bedingt durch das von ihm bekleidete Amt des preußischen Landtagspräsidenten, minderten den Erfolg seiner für die Stadt geleisteten Arbeit und boten den bürgerlichen Parteien, die sich mit Ausnahme der Deutschen Demokratischen Partei vielfach hinter den aufgrund eines eigenen Listenvorschlages ins Bürgervorsteher-Kollegium eingezogenen, unermüdlich aktiven ehemaligen Stadtdirektor Tramm scharten, mancherlei Angriffsflächen.
Trotz allem revolutionären Wollens war eine grundlegende Reform der veralteten Revidierten Städteordnung ausgeblieben. Lediglich das Wahlrecht zum Bürgervorsteher-Kollegium wurde durch Angleichung an das für die Nationalversammlung eingeführte allgemeine – für Männer und Frauen – gleiche Verhältniswahlrecht demokratisiert, desgleichen das Wahlverfahren für den Oberbürgermeister und die Magistratsmitglieder, die fortan nur vom Bürgervorsteher-Kollegium, und zwar auf zwölf Jahre gewählt wurden.

Der legale Machtwechsel an der Spitze der Stadt hatte die ungeheuren Probleme, die mit Ernährungsschwierigkeiten, Arbeitslosigkeit und einer unvorstellbaren Wohnungsnot im Gefolge des mit einem katastrophalen Siegerdiktat zu Ende gegangenen Krieges auch auf die Stadt Hannover und ihre Verwaltung zugekommen waren, natürlich nicht beseitigen können. Und die ersten Maßnahmen zur Behebung der Notstände und damit zur Beruhigung der politischen Aufregung wurden von der äußersten Linken wie von der äußersten Rechten durch Putschversuche unterbrochen und zurückgeworfen. Während die bolschewistischen Unruhen im Frühjahr 1919 dank der Streikunwilligkeit des größten Teils der Arbeiterschaft schnell zum Erliegen kam, rief der Kapp-Putsch im März zunächst eine erhebliche Unsicherheit hervor, da Militär- und obere Zivilbehörden eine abwartende Haltung einnahmen, und die Deutsch-Hannoversche Partei die allgemeine Verwirrung zur Verwirklichung ihrer Parole »Los von Preußen« zu nutzen trachtete und in unbeschreiblicher Naivität das Amt des Ministerpräsidenten der zu bildenden gelb-weißen Republik Hannover ihrem Intimfeind Robert Leinert anbot. Der Magistrat stellte sich entschieden gegen die Kapp-Diktatur. Nach wenigen Tagen war mit Hilfe des reichsweit ausgerufenen Generalstreiks auch in Hannover der reaktionäre Spuk vorbei. Den kurz darauf von Mitteldeutschland nach Hannover übergreifenden Kommunistenaufstand konnte der ehemalige Reichswehrminister Gustav Noske (130), der wegen seiner zu laschen Bekämpfung des Kapp-Putsches entlassen und als Oberpräsident nach Hannover abgeschoben worden war, mit Hilfe der Sicherheitspolizei niederschlagen. Doch neue schwere Gefahren drohten durch die mit zunehmender Geschwindigkeit Wirtschaft und Ernährung treffende Inflation, die in Hannover zu neuen Unruhen mit Toten und Verletzten führte. Dem Magistrat, der diesem nationalen Notstand machtlos gegenüberstand, blieb nichts, als wie schon während des Kapp-Putsches an Vernunft und Besonnenheit zu appellieren, damit die arbeitende Bevölkerung, deren Löhne den Preisen nicht mehr schnell genug angepaßt werden konnten, in den Betrieben blieb, Erregung und Not nicht zusätzlich vergrößert wurden. Erst als im November 1923 die Rentenmark eingeführt wurde – und eine Fahrt mit der hannoverschen Straßenbahn nicht mehr 55 Millionen Mark, sondern wieder 15 Pfennig kostete – begannen sich die wirtschaftlichen und politischen Verhältnisse langsam zu beruhigen.
Die Ernährungslage war in den ersten Nachkriegsjahren so katastrophal wie während des Krieges. Die Bewirtschaftung gewährte nur das Notwendigste, und die städtische Lebensmittelwirtschaft konnte vielfach auch das nicht einmal garantieren. Schlangestehen und Hamsterfahrten (115) waren an der Tagesordnung. Der Schwarzhandel blühte. Glücklich schätzte sich, wer es schaffte, ein Stück Land zu pachten, um die Versorgung der Familie zu verbessern. Aus elementarer Not entstanden zahlreiche neue Kleingärten, die sich von Linden über Herrenhausen, Hainholz bis Buchholz wie ein lockerer Kranz um die Stadt herumlegten. Nach dem Kriege gab es in Hannover 16000 Haushaltungen mehr als 1914, und 1925 warteten immer noch 24000 Familien auf

115 Kinder vor dem Hauptbahnhof in Erwartung der von Hamstertouren zurückkehrenden Erwachsenen. Foto: Wilhelm Ackermann. 1921

eine eigene Wohnung. Da die private Bautätigkeit völlig zum Erliegen gekommen war, die Stadt infolge ungeheuer gestiegener Sozialausgaben, die 1923 fast 20 Prozent der gesamten städtischen Ausgaben betrugen, keinerlei Mittel für große Bauvorhaben frei hatte, mußte sie sich mit Notmaßnahmen begnügen. Sie stellte Kasernen und Schulen als Notunterkünfte zur Verfügung, ließ Dachgeschosse und andere bisher nicht zu Wohnzwecken genutzte Räume zu kleinen Wohnungen ausbauen, Behelfswohnungen und Baracken in Schlichtbauweise erstellen und eine große Anzahl Eisenbahnwagen zu Kleinstwohnungen herrichten, von denen 1926/27 noch 106 Waggons auf dem Tönniesberg bewohnt waren. Als geradezu komfortabel nahmen sich dagegen die auf Beschluß der städtischen Kollegien im Zuge eines Arbeitsbeschaffungsprogramms zur Verminderung der Arbeitslosigkeit 1921 fertiggestellte Siedlung in Laatzen, die Kleinhaussiedlungen Gredelfeld in Oberricklingen und an der Schulenburger Landstraße aus. Als größere Bauvorhaben dieses städtischen Hilfsprogramms entstanden das Stadion an der Stadthalle und der Seelhorster Friedhof mit dem Krematorium. Das Stadion, schon vor dem Kriege an anderer Stelle geplant, konnte vorwiegend aus Mitteln gebaut werden, die der inzwischen verstorbene Kaufmann Gustav Brandt 1916 zum Militärjubiläum Paul von Hindenburgs mit der Bestimmung gestiftet hatte, die neue Sportanlage müsse den Namen des Generals tragen, was prompt zum Streit führte.

Um das Wirtschaftsleben in Gang zu halten, den zurückkehrenden Soldaten Arbeitsplätze zu schaffen, den von der Umstellung der Kriegs- auf Friedensproduktion betroffenen Werktätigen ihre Arbeitsplätze zu erhalten und einen zentralen Arbeitsnachweis aufzubauen, war bereits im November 1918 ein Demobilisierungsausschuß gebildet worden. Aus dem von ihm betriebenen Ankauf und der gemeinnützigen Verwendung vor allem von Heeresgütern ging Anfang 1919 die »Hannoversche Wirtschaftsgemeinschaft – Hawigeh« hervor, deren von den Rechtsparteien als dilettantisch verurteiltes Geschäftsgebaren 1924 nicht unwesentlich zum Rücktritt Leinerts beitrug. Diese und andere Ungeschicklichkeiten, an denen Leinert beteiligt war, sowie die immer noch nicht wieder gefestigte wirtschaftliche Lage führten in der Bürgervorsteherwahl am 2. Mai 1924 eine Kräfteverschiebung zugunsten der Rechtsparteien herbei.

Die SPD verlor fast die Hälfte ihrer Sitze und war mit 22 Bürgervorstehern nicht mehr stärker als der sogenannte »Ordnungsblock« der Rechten, dem jetzt auch Tramm angehörte.

Leinerts immer schwieriger werdendes Wirken beendeten die bürgerlichen Parteien, indem sie aufgrund der preußischen Beamtenabbauverordnung am 4. Juli 1924 beschlossen, die Stelle des Oberbürgermeisters und damit den gegenwärtigen Stelleninhaber, Robert Leinert, abzubauen. Mit dessen zum 1. Januar 1925 wirksam werdenden Rücktritt endete in Hannover die zwar mit der Revolution eingeleitete, in ihrem Verlauf jedoch nicht sehr revolutionäre Phase der neuen Kommunalpolitik.

118 Hermann Lodemann (1869–1944), Oberbürgermeister von Linden 1901–1919, Senator in Hannover 1920–1933. Foto: Um 1910

Linden wird eingemeindet

Die bedeutendste kommunalpolitische Leistung des Oberbürgermeisters Robert Leinert war zweifellos die Eingemeindung der Stadt Linden (116). Seit 1865 wiederholt von Linden beantragt, um »die schwachen Finanzkräfte einer schnell wachsenden kleinen Gemeinde in den kapitalkräftigen Wirkungskreis der Großstadt überzuleiten«, war sie im hannoverschen Rathaus auf entschiedenen Widerstand gestoßen. Magistrat und Bürgervorsteher-Kollegium hatten sich nicht bereitfinden können, die wirtschaftlichen und sozialen Probleme der Nachbarstadt mitzutragen, obwohl diese nicht zuletzt auch Ergebnis der wirtschaftlichen Entwicklungen Hannovers waren. Auch daß Hannover und Linden siedlungsmäßig längst eine Einheit bildeten, Lindens »Tore« nach Hannover, die beiden Ihmebrücken (117), nur gut anderthalb Kilometer vom Kröpcke entfernt und beide Städte durch mehrere kommunale Einrichtungen wie Wasserversorgung, Feuerschutz, Polizeiaufsicht und Straßenbahn miteinander verbunden waren, beeinflußte die auf Abgrenzung bedachte Politik Tramms nicht. Denn die Eingemeindung Lindens hätte für Hannover neben sozialen Lasten vor allem politische Probleme mit sich gebracht, und diese galt es, aus dem Rathaus fernzuhalten. Schließlich

116 Blick vom Lindener Berg über die Stadt Linden nach Hannover. Rechts das 1899 eingeweihte Lindener Rathaus. Foto: Um 1915

waren Arbeitermassen und Sozialdemokratie Erscheinungen, die keinen Platz in Tramms politischem Weltbild hatten. So bedurfte es erst der Revolution und der durch sie in den städtischen Kollegien bewirkten Veränderungen, damit die Vereinigung der beiden Städte vollzogen werden konnte.

Für Lindens Oberbürgermeister, Hermann Lodemann (118), den das Vertrauen der Arbeiter im Amt bestätigt hatte, war die Eingemeindung nach dem verlorenen Krieg die einzige Möglichkeit, der ungeheuren, durch wirtschaftlichen Niedergang, Arbeitslosigkeit und Wohnraumnot auf Linden zukommenden Probleme Herr zu werden. Seine Einsicht traf sich mit dem Solidaritätsgefühl der hannoverschen Sozialdemokraten und Demokraten. Am 1. Januar 1920 wurde Linden ein Stadtteil Hannovers.

Noch um die Mitte des 19. Jahrhunderts war Linden als bäuerliche Siedlung mit königlichem Küchengarten, von Altenschem Schloß und Park und dem von Laves erbauten Gasthaus auf dem Lindener Berg das anziehendste und schönste Dorf im Königreich Hannover gewesen. Hier hatten sich vermögende Hannoveraner angesiedelt, hier hatte die noch in ihre Wälle gezwängte Stadt Hannover bereits 1828–1833 von August Heinrich Andreae ihr neues Krankenhaus erbauen und darin die erste Dampfmaschine des Königreichs Hannover aufstellen lassen, die sämtliche Räume mit fließendem Wasser versorgte.

Doch schon um diese Zeit hatte Johann Egestorff mit Kalkbrennerei, Ziegelei, Zuckerfabrik und Saline, in denen er bereits 400 Arbeiter beschäftigte, den Grundstein zu Lindens Industrialisierung gelegt. Sein Sohn Georg (119) baute das väterliche Erbe selbstbewußt und zielstrebig unter Überwindung zahlreicher zeitbedingter Vorurteile aus. Als er 1868 starb, gehörten zu seinen Unternehmungen 19 Werke, in denen 2116 Personen beschäftigt waren. Mit praktischem Sinn und unermüdlichem Tätigkeitsdrang hatte er die ersten Fabriken der Lindener Großindustrie geschaffen. Die bedeutendste war zweifellos die 1835 gegründete Eisengießerei und Maschinenfabrik, in der er 1845 mit dem Bau von Lokomotiven begonnen hatte (120). Als dieser Produktionszweig, der seit 1871 unter dem Namen »Hanomag« firmierenden Aktiengesellschaft, 1931 infolge der Weltwirtschaftskrise mit der 10765. Lokomotive eingestellt werden mußte, wurden neben Dampfmaschinen bereits seit Jahren Motorpflüge, Rad- bzw. Kettenschlepper und Zug-

117 Ihmebrücke. Im Hintergrund der »Schwarze Bär«. Foto: Um 1910

maschinen gebaut. Der die Hanomag zwischen den Kriegen auszeichnende Pioniergeist bescherte den Hannoveranern den ersten in ihrer Stadt gebauten Personenkraftwagen, der einer der ersten Kleinwagen der Welt war: das Hanomag-Kommißbrot, einen Zweisitzer mit Pontonkarosserie und 10-PS-Motor, der eine Höchstgeschwindigkeit von 60 Kilometern in der Stunde erreichte (121). Mochten die Lindener Kinder auch spotten: »Zwei Pfund Eisen, ein Pfund Lack – fertig ist der Hanomag«, der erste Kleinwagen, der einschließlich 10 Prozent Luxussteuer 2300 DM kostete, wurde schon auf der Berliner Automobilausstellung des Jahres 1924 ein voller Erfolg. Denn mit diesem Wagen, der später bis zum 50-PS-Motor weiterentwickelt wurde, war die Hanomag hinsichtlich des Preises und der Leistung zwischen dem damals kleinsten Pkw und dem Motorrad mit Beiwagen in eine echte Marktlücke gestoßen.

Neben den Egestorffschen Fabriken waren schon vor 1866, als der industriefeindliche hannoversche Hof die Residenzstadt allen größeren Betrieben verschlossen hatte, in Linden eine Anzahl weiterer Unternehmen entstanden, darunter die Bettfedern- und Daunenfabrik Werner & Ehlers, die »Mechanische Weberei« (122), die durch ihren baumwollenen Samt, den sogenannten »Velvet« bekannt wurde, und die »Baumwollspinnerei und -Weberei«, die hauptsächlich Kattun herstellte. Beide Fabriken hatten Anfang der 1870er Jahre zur Behebung der dringendsten Wohnungsnot an Pfarrland- und Velvetstraße (123) und an Mathilden- und Fannystraße fabrikeigene Arbeiterkolonien gebaut.

119 Georg Egestorff (1802–1868). Daguerreotypie: Um 1855

120 Schmiede in der Lokomotivbauwerkstatt der Hanomag. Foto: Um 1925

Industrialisierung und Wachstum Lindens wurden in den ersten beiden Jahrzehnten nach der Reichsgründung nicht nur durch die anfangs gute Konjunkturlage, sondern vor allem durch den Anschluß an die 1872 eröffnete Altenbekener Bahn begünstigt. An der Grenze nach Ricklingen erhielt Linden jetzt den Personen- und Güterbahnhof »Fischerhof« und auf dem Gelände des ehemaligen Küchengartens, inmitten der Industrie- und Wohnbebauung, einen weiteren Güterbahnhof – der allerdings bereits 1906 wieder geschlossen wurde. Diese Entwicklungen trugen dazu bei, daß in dem mit 25000 Einwohnern größten Dorf Preußens, dem 1885 die Stadtrechte verliehen wurden, weitere Firmen ihre Produktion aufnahmen: u.a. die Lindener Eisen- und Stahlwerke, die Saline Georgenhall von Garben & Eichwede, die Brauerei und die Fabrik für Maschinen-, Apparate- und Heizungsbau der Brüder Körting, die draußen auf Bornumer Gelände ihre Arbeitersiedlung Körtingsdorf erbauten. Um 1890 trat eine Wende ein. Zu größeren Industrieansiedlungen kam es auch infolge fehlenden Geländes nicht mehr. Wohl aber stieg – nicht zuletzt aufgrund eines hohen Geburtenüberschusses – die Einwohnerzahl erheblich an. Die Folge war ein Mißverhältnis zwischen dem von der industriellen Entwicklung abhängigen Arbeitsplatzangebot und der Bevölkerungszunahme. Waren 1885 von 100 Einwohnern 24 in der Lindener Industrie beschäftigt, so waren

121 Ein Hanomag-»Kommißbrot« auf dem Parkplatz an der Marktkirche. Im Hintergrund die Seilwinderstraße. Foto: Hans Pusen. Um 1935

122 Blick aus der Schule an der Eleonorenstraße 18 auf die Mechanische Weberei. Im Vordergrund die Gärten der Häuser an der Blumenauer Straße. Foto: 1888

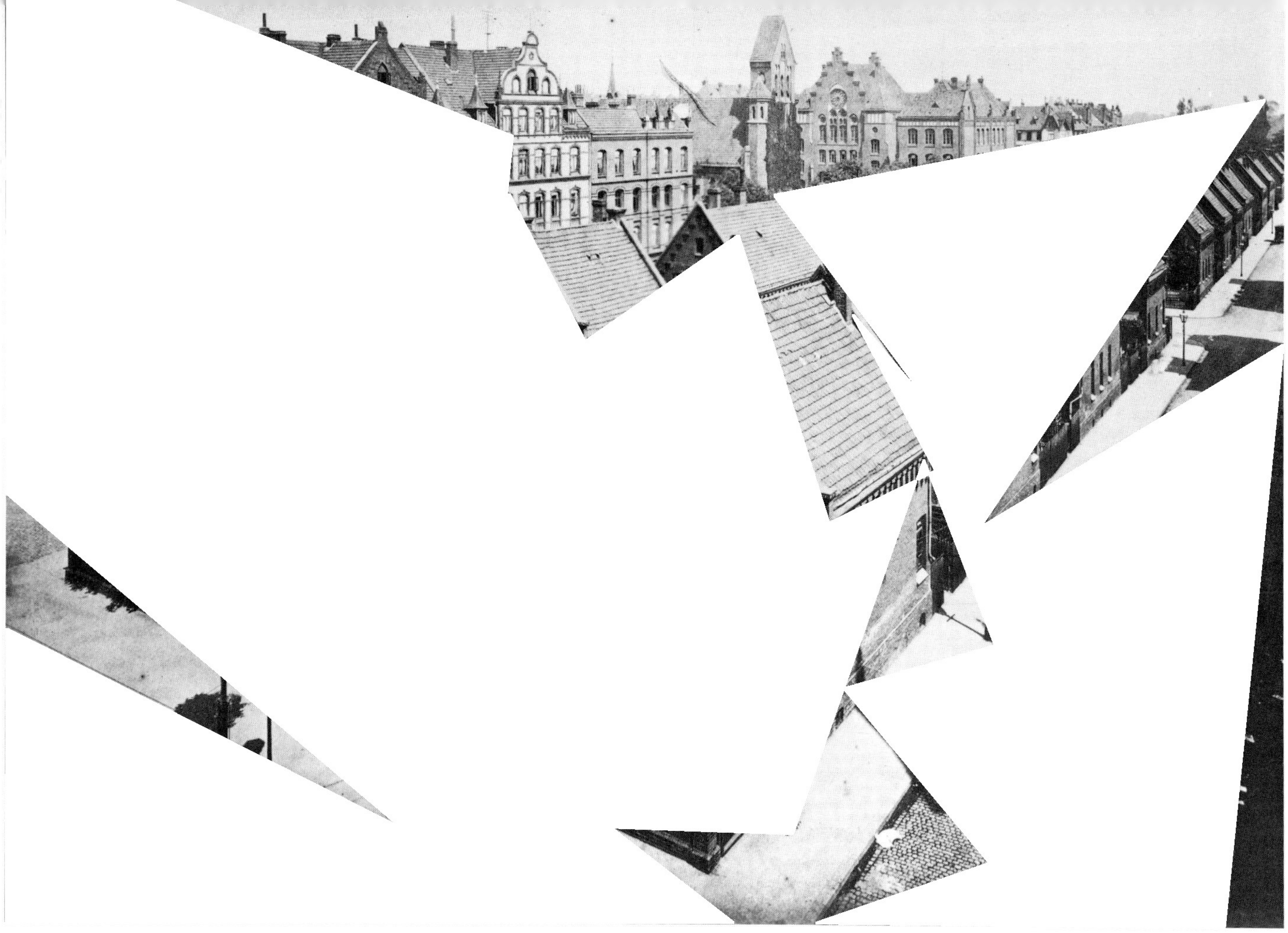

123 Arbeitersiedlung der Mechanischen Weberei zwischen Pfarrland- und Velvetstraße; erbaut ab 1870, abgebrochen 1972. Vorn links die Limmerstraße, im Hintergrund die katholische St.-Benno-Kirche. Foto: 1911

es 1907 nur noch 16. Ein großer Teil der arbeitenden Bevölkerung war in Hannover beschäftigt, wohnte aber in dem billigeren Linden. Andererseits wohnten die meisten Inhaber und besser verdienenden Angestellten vieler Lindener Firmen in Hannover. Den dadurch verursachten Steuer- und Umsatzausfall konnte die mehr als fünfmal so große Schar der in Hannover verdienenden und in Linden lebenden Arbeiter nicht wettmachen. Folglich erwuchsen der Stadtverwaltung neben der Sorge um den immer knapper und teurer werdenden Baugrund mit der fortschreitenden Entwicklung Lindens von der Industriestadt zum Arbeiterwohnsitz Hannovers nicht unerhebliche Finanzprobleme. Geld war nur für das Notwendigste vorhanden. Eintönige Mietskasernen beherrschten das Stadtbild. Grünflächen suchte man vergebens.

Die große Hoffnung waren die Eingemeindungen. 1909 wurden Limmer, das mit der Excelsior, der Chemischen Fabrik Sichel und der Dampfkesselfabrik Engelke eine beachtliche Industrie aufwies, Davenstedt, Bornum und Badenstedt mit Linden vereinigt, 1913, nach zähem Kampf, in dem auch die Stadt Hannover ihr Interesse geltend gemacht hatte, schließlich auch Ricklingen, wo Linden bereits 1908 seinen neuen Friedhof eröffnet hatte. Hier bestanden zwar noch 23 landwirtschaftliche Betriebe, daneben aber mit der Chemischen Fabrik der Gebrüder Meyer, der Hannoverschen Waggonfabrik »Hawa«, der Kaiserbrauerei und der Zuckerfabrik Linden bedeutende Industrien. Vor allem aber hatte sich Lindens Stadtgebiet durch diese Eingemeindungen von 583 auf 2304 ha vergrößert, seine Bevölkerung um mehr als 15000 auf etwa 80000.

Den großen Aufschwung, den Lindens Industrie durch Umstellung auf Kriegsproduktion und begünstigt durch Kanal- und Hafeneröffnung während des Ersten Weltkrieges genommen hatte, folgte in den ersten Nachkriegsjahren ein beispielloser Rückschlag, dessen Folgen von der Stadt Linden allein nicht mehr aufgefangen werden konnten. Lodemanns langfristige Vorkriegsplanung, die städtischen Verhältnisse nach den Eingemeindungen über etwa zwei Jahrzehnte hin auf allen Gebieten zu gesunden, um dann die Frage der Eingemeindung von einer besseren Ausgangsbasis wieder aufgreifen zu können, war verflogen, denn 1918 war Linden noch weit von diesem Ziel entfernt, und Lodemann bekannte rückschauend: »Bei den Aussichten, welche es bei der nun eingetretenen Lage in Staat und Wirtschaft bot, war es dem reichen Hannover kein erwünschter Partner für einen gemeindlichen Zusammenschluß. Die Vereinigung war aber trotzdem, wie die Dinge sich entwickelt hatten und weiter entwickeln mußten, nicht mehr aufzuhalten... Deshalb kämpfte ich für die Eingemeindung. Sie war seit November 1918 das Ziel meiner Tätigkeit.«

Hannover macht von sich reden

Mitte der zwanziger Jahre war Hannover Schauplatz verschiedener Ereignisse, die den Namen der Stadt – nicht immer zu ihrem Vorteil – lange in den Spalten der Presse hielten.

Da war zunächst der Fall des Massenmörders Fritz Haarmann, der Hannover, besonders Hannovers Altstadt, als einen verbrecherischen Sumpf in Erscheinung treten ließ. »Es war«, wie die damals als Frau des Opernkapellmeisters Richard Lert in Hannover lebende Schriftstellerin Vicky Baum in ihren Erinnerungen notierte, »der letzte makabre Pinselstrich, der das Bild des damaligen Nachkriegsdeutschland vollendete.« Des Mordes an 27 jungen Männern angeklagt, wurde Haarmann im Dezember 1924 zum Tode verurteilt und am 14. April 1925 hingerichtet.

Theodor Lessing, Privatdozent für Philosophie an der Technischen Hochschule, wie er selbst bekannte, unfähig, »fünfe gerade sein zu lassen«, wollte auch in diesem trüben Kapitel, das ihn als Psychologen und Kulturkritiker interessierte, »richtigstellen, aufklären, verständlich machen«, was hinter der kannibalischen Triebhaftigkeit dieses Haarmann stand, wie es zu ihr gekommen war. Er interpretierte das widerliche Geschehen aus und vor dem Hintergrund einer infolge des Krieges, der Nachkriegsunruhen und Inflation aus den Fugen geratenen Zeit und ihrer Gesellschaft. Seine anklagende Gerichtsberichterstattung, die zu seiner Verweisung aus dem Gerichtssaal führte, und seine für damalige Verhältnisse ziemlich unkonventionelle Ausdeutung des Falles, die in der Forderung nach einem Mitschuldbekenntnis der Gesellschaft und mit dieser aller Hannoveraner gipfelte, ließ den Fall Haarmann, der alsbald in Kinderliedern und Gassenhauern verniedlicht wurde, in einen Fall Lessing übergleiten. Denn mit seinen an der überkommenen Gesellschaftsordnung rüttelnden Gedanken, die er 1925 in dem Buch »Haarmann, die Geschichte eines Werwolfs« noch einmal ausbreitete, hatte der aus einer liberalen jüdischen Familie Hannovers stammende Sozialdemokrat die Gegnerschaft weiter Kreise des Bürgertums und der Presse auf sich gezogen. Als Lessing mit einem Artikel über den Reichspräsidentenkandidaten Hindenburg seinem gerade in diesem Fall verständlichen Wahrheitsfanatismus freien Lauf ließ, kam es zum Skandal.

Der alte Hindenburg, der auf Bitten der Regierung Ebert bis zum Abschluß der Rückführung des geschlagenen Heeres an dessen Spitze ausgeharrt und sich zu einem geruhsamen Lebensabend nach Hannover zurückgezogen hatte (126), war plötzlich ins politische Rampenlicht geraten. Nachdem die durch den Tod Friedrich Eberts notwendig gewordene Reichspräsidentenwahl am 29. März 1925 für keinen der sieben Kandidaten erfolgreich gewesen war und sich die Weimarer Parteien, Sozialdemokraten, Demokraten und Zentrum, für den zweiten Wahlgang am 26. April auf den Zentrumspolitiker und ehemaligen Reichskanzler Marx geeinigt hatten, verfielen die Deutschnationalen auf die Idee, den Sieger von Tannenberg und Mitpropagandisten der Dolchstoßlegende, als Retter des Vaterlandes in die Pflicht zu nehmen. Hindenburg stimmte seiner Kandidatur nach anfänglichem Zögern aus eben dieser Pflicht gegen das Vaterland zu und wurde mit knapper Mehrheit gewählt. Obgleich der Wahlkampf für den kandidierenden Ehrenbürger mit mancherlei patriotischem Pathos ablief, wozu auch ein dreistündiger Vorbeimarsch an seinem Haus in der Seelhorststraße gehörte, und Hindenburg seine einzige »Wahlrede« in Hannovers Stadthalle hielt (127), unterlag er ausgerechnet in dieser Stadt, die er sich zweimal zum Ruhesitz gewählt hatte, seinem Gegenkandidaten Marx.

In den Jubel, der in einem Fackelzug gipfeln sollte, platzte ein vom »Hannoverschen Kurier« unter dem Titel »Schmähungen über Hindenburg« verkürzt und entstellt wiedergegebener Artikel, den Lessing im deutschsprachigen »Prager Tagblatt«, für das er seit Jahren schrieb, am Vortage der Wahl veröffentlicht hatte. Lessing war der festen Überzeugung, der Wahrheit zu dienen, als er ein Charakterbild Hindenburgs entwarf und ihm zwar Gradlinigkeit und soldatische Tugenden, aber eben keine große Geistigkeit attestierte: »Eine klare, wahre, redliche und verläßliche

125 Theodor Lessing (1872–1933), Professor, Privatdozent für Philosophie an der Technischen Hochschule Hannover 1908–1926. Foto: Um 1925

126 Empfang des nach Hannover zurückkehrenden Generalfeldmarschals v. Hindenburg vor dem Hauptbahnhof. Foto: Edmund Lill. 4. 7. 1919

127 Paul von Hindenburg während seiner einzigen Wahlrede in der Stadthalle Hannover am 19. April 1925. Foto: Ullstein-Bilderdienst

128 Das »Kamel-Flugblatt« der Deutsch-Hannoverschen Partei; eine Karikatur auf die Agitation Noskes (SPD) und Schusters (Deutsche Volkspartei), der Vorabstimmung über die Loslösung Hannovers von Preußen fernzubleiben

Natur, ohne Problematik und Falschheit... Von dem Augenblick, wo dieser unpolitischste aller Menschen zu einer politischen Rolle mißbraucht wird, wird ein anderes entscheidend: Dieser Mann ist durch und durch Mann des Dienstes... Eine Natur wie Hindenburg wird bis zum Tode fragen: Wo kann ich dienen?... Aber da zeigt sich auch die Gefahr! Nach Plato sollen die Philosophen Führer der Völker sein. Ein Philosoph würde mit Hindenburg nun eben nicht den Thronstuhl besteigen. Nur ein repräsentatives Symbol, ein Fragezeichen, ein Zero. Man kann sagen: ›Besser ein Zero als ein Nero.‹ Leider zeigt die Geschichte, daß hinter einem Zero immer ein künftiger Nero verborgen steht.« War es schon unklug gewesen, diesen an sich weitsichtigen Artikel im Ausland zu publizieren, so war es geradezu naiv von Lessing, einen zweiten Artikel, in dem er seine Aussagen des ersten verteidigte, in Form eines offenen Briefes an Hindenburg zu richten, in der Erwartung, dieser werde ihn in Schutz nehmen. Die haßerfüllten Reaktionen, die Lessing zu spüren bekam, waren ein Vorgeschmack auf das, was ein Nero bringen würde und in vorher kaum vorstellbarem Maße nach 1933 dann auch brachte. Hier war Lessing in unglaublicher Scharfsichtigkeit Prophet gewesen. Nach einem einjährigen, sich ständig verstärkenden Kesseltreiben, besonders von seiten der Deutschnationalen und der völkisch orientierten Studentenschaft, in das sich auch Oberbürgermeister Menge, autorisiert vom gesamten Magistrat, mit der Forderung nach Lessings freiwilligem Rücktritt einmischte, konnte Lessings Vorlesung am 14. Juni 1926 nur noch unter Polizeischutz stattfinden. Wenige Tage später mußte er seine Vorlesungen einstellen und wurde auf einen Forschungsauftrag abgeschoben. Die »Niederdeutsche Zeitung« der Deutschnationalen hatte erreicht, was sie während des gesamten Konfliktes gefordert hatte: »Wir lehnen jeden Unterricht von Fremdblütigen ab. Wer deutschen Blutes ist, kann nur von deutschen Männern unterrichtet werden.« Das waren verhängnisvolle Töne.

Theodor Lessing, eine der bemerkenswertesten Erscheinungen des hannoverschen Geisteslebens im 20. Jahrhundert, immer auf der Suche nach der reinen und deshalb manchmal verletzenden Wahrheit und stets für Gerechtigkeit und Besserung der sozialen Verhältnisse streitend, wurde eines der ersten Opfer des Nationalsozialismus. Im März 1933 floh er über Prag nach Marienbad. In der Nacht vom 30. zum 31. August wurde er durch das offene Fenster seines Arbeitszimmers erschossen.

Neben den brisanten Vorgängen, die sich Mitte der zwanziger Jahre mit den Namen Haarmann, Hindenburg und Lessing verknüpften, nehmen sich die anderen auch überregional registrierten Ereignisse der politischen Szene eher bescheiden aus. Denn daß in den Reichstags- und Kommunalwahlen vom 4. Mai 1924 die bürgerlichen Parteien auch in Hannover zusammen die Mehrheit erlangt hatten, war nichts Außergewöhnliches, sondern spiegelte nur den im ganzen Reich zu registrierenden Trend nach rechts. Bemerkenswert hingegen war allerdings, daß sich daraufhin die bürgerlichen Parteien in Hannovers Bürgervorsteher-Kollegium einig wurden, »den roten Spuk auf dem Rathaus«, oder das »System Leinert«, wie es in ihren Flugschriften hieß, zu beseitigen und mit Ausnahme der Deutschen Demokratischen Partei geschlossen für den Abbau des 1918 auf zwölf Jahre gewählten Oberbürgermeisters stimmten. So wurde der Sozialdemokrat Leinert das erste prominente Opfer der von der sozialdemokratischen Regierung Preußens erlassenen Abbauverordnung.

Zwei Wochen nach der für die Stadt Hannover folgenreichen Kommunalwahl wurden die Hannoveraner in Stadt und Land erneut zu den Urnen gerufen. Die nach dem Sturz der Monarchie neu entfachte »Los von Preußen«-Bewegung der Deutsch-Hannoveraner hatte die nach Artikel 18 der Reichsverfassung zur Neugliederung des Reiches mögliche Abstimmung – wenn auch zunächst nur als Vorabstimmung – durchsetzen können. Die Deutsch-Hannoveraner führten ihren Wahlkampf für einen Freistaat »Hannover-Niedersachsen« in der Hoffnung, daß sich die benachbarten Kleinstaaten einem Reichsland Hannover anschließen würden. Daß die Forderung, die hegemoniale Stellung Preußens zugunsten eines echt föderativen Reichsgefüges aufzulösen, nicht ganz unberechtigt war, bewies der Beschluß des von der Reichsregierung eingesetzten Reformausschusses, der sich 1930 unter Berücksichtigung drängender Forderungen aus Wirtschaft und Verwaltung für eine Auflösung Preußens in Reichsländer aussprach und damit den Ergebnissen der Brüning-Denkschrift über das Wirtschaftsgebiet Niedersachsen Rechnung trug. Als der Provinziallandtag diese Denkschrift 1928 in Auftrag gab, war der Begriff »Niedersachsen« auch für Hannovers Oberpräsidenten Noske inzwischen ein »starker Wirklichkeitsfaktor« geworden. Vier Jahre vorher hatte Noske von den Autonomiebestrebungen noch nichts wissen wollen. Denn mit der Zerschlagung Preußens wäre auch die wichtigste Machtposition der Sozialdemokraten in Gefahr geraten. Da Noske der Vorabstimmung, in der sich mindestens ein Drittel der Wahlbe-

129 Eugenio Pacelli, Apostolischer Nuntius für Deutschland, der spätere Papst Pius XII., auf dem Wege zum Festgottesdienst auf dem Schützenplatz. Foto: August Kater. 31. 8. 1924

130 Amtseinführung des neuen Landesbischofs der Evang.-lutherischen Landeskirche Hannovers D. August Marahrens (1875–1950). 1. v. links: Marahrens; 2. v. rechts: Bürgermeister Fink, 4. v. rechts: Oberpräsident Noske. Foto: 28. 6. 1925

rechtigten für die Durchführung eines Volksentscheides hätten aussprechen müssen, als Sozialdemokrat und als Oberpräsident möglichst viele Hindernisse in den Weg legte (128), und auch die meisten anderen Parteien gegen das von den Welfen geforderte selbständige Hannover eingestellt waren, blieb die Vorabstimmung ohne Erfolg. Immerhin hatten sich 25 Prozent der Wahlberechtigten, wesentlich mehr als die Deutsch-Hannoveraner sonst hinter ihren gelbweißen Fahnen sammeln konnten, für deren Ziel ausgesprochen. In der Provinzhauptstadt waren es sogar 28 Prozent gegenüber 15 Prozent welfischer Stimmen bei der Reichstagswahl.

Bemerkenswert war im Jahre 1924 außerdem, daß mit der »63. Generalversammlung der Katholiken Deutschlands« zum ersten Mal ein Katholikentag in Hannover stattfand. Denn es war ein Katholikentag in der Diaspora, da von den gut 400000 Einwohnern der Stadt nur eben 10 Prozent der Katholischen Kirche angehörten. Oberpräsident, Regierungspräsident und Oberbürgermeister nahmen an der Eröffnungsveranstaltung teil. Reichskanzler Marx und der Apostolische Nuntius, Eugenio Pacelli, der spätere Papst Pius XII., sprachen zu den Gläubigen (129). Auf dem Schützenplatz, zu dem die Katholiken in Sternmärschen aus allen Stadtteilen hinauszogen, war großer Festgottesdienst. Und vielfach wurde in diesen Tagen Ludwig Windthorsts gedacht, des in Hannovers Marienkirche begrabenen Führers des politischen Katholizismus während des Kulturkampfes.

Im Jahr darauf hatten die hannoverschen Lutheraner ihren großen Tag. Am 28. Juni 1925 wurde ihr erster Landesbischof mit einem Festgottesdienst in der Marktkirche in sein Amt eingeführt (130).

Nach dem Sturz der Monarchie, dem das landesherrliche Kirchenregiment samt Bischofsamt des Königs von Preußen zum Opfer gefallen war, hatte auch die Evangelisch-lutherische Landeskirche Hannovers der durch die Weimarer Verfassung sanktionierten Trennung von Staat und Kirche Rechnung getragen. »Aus dem Verlangen nach zielklarer Führung« schuf sie nach dem Vorbild anderer evangelischer Länder das Amt des Bischofs als des geistlichen Leiters der Landeskirche. Am 17. Juni 1925 wählte der im Provinzialständehaus versammelte erste Kirchentag den 1875 in Hannover geborenen, zuletzt als Generalsuperintendent in Stade wirkenden D. August Marahrens zum ersten Landesbischof. Als die Bekennende Kirche 1934 ihren Zusammenschluß gegen den NS-Staat und dessen Deutsche Christen vollzog, berief sie Marahrens an die Spitze der vorläufigen Kirchenleitung. Der hannoversche Landesbischof versuchte dieses schwierige Amt im Interesse der Aufrechterhaltung der äußeren Ordnung der Kirche zwar behutsam, was ihm Vorwürfe der Kompromißbereitschaft gegenüber dem NS-Regime eintrug, doch im Inneren unverrückbar am ersten Gebot orientiert zu führen.

Von Hannover aus ging Mitte der zwanziger Jahre auch die erste Rundfunkansprache eines deutschen Staatsoberhauptes über den Äther. Der eben gewählte Hindenburg bediente sich, mehr vom Protokoll gezwungen als aus eigenem Antriebe, dieses seit einem halben Jahr auch in Hannover bestehenden Mediums. Am Dienstag, dem 16. Dezember 1924, um fünf Uhr nachmittags, hatten die noch nicht sehr zahlreichen Besitzer von Detektorgeräten mit Kopfhörern die Eröffnungsworte »Hier Rundfunksender Hannover, die Norag. Sie hören uns aus dem Festsaal der Hanomag«, das Riller-Quartett, den Norag-Intendanten Hans Bodenstedt, Staatssekretär Bredow und »Stars« der hannoverschen Oper empfangen können. Das Hannoversche Tageblatt hatte die Aufnahme des Sendebetriebes mit der Hoffnung begleitet, die Großstadt Hannover werde in der Lage sein, »sich auch als Radiostation führend und selbständig zu machen«. Immerhin sah es zunächst so aus, da der 18prozentige Programmanteil des Senders Hannover der Zahl der niedersächsischen Hörer entsprach. Man ließ sich trotz aller Provisorien, mit denen die »Nordische Rundfunk A.G.« als Untermieter der Hanomag zu kämpfen hatte, schließlich etwas einfallen, sandte in der Walpurgisnacht 1925 die erste Original-Rundfunkreportage vom verschneiten Brocken in die Welt, bot dank Hugo R. Bartels und Wilhelm Rüter eigene niederdeutsche Sendungen und pflegte die frühe Rundfunkwerbung, die eine Zeitlang von der in Hannover geborenen Claire Waldoff gesprochen wurde.

1926 wurde dann der Mann engagiert, mit dessen Namen die Geschichte des Senders Hannover bis 1943 unauflöslich verbunden blieb: Otto Ebel von Sosen, ein Rundfunkpionier der Musikbranche. 1928 gründete er das Niedersächsische Sinfonieorchester, mit dem er ab 1932 – anfangs aus dem Leineschloß, dann aus dem Konzerthaus am Hohen Ufer – die legendären Schloßkonzerte sendete. Nachdem es mit einem braunen Leiter des Senders nichts gewesen war, erhielt Ebel von Sosen 1935 die Gesamtleitung. Zahlreiche heimatkundlich und landschaftlich ausgerichtete Sendereihen und die aus seiner Liebe zur Folklore erwachsenen Kompositionen »Heidezauber« und »Calenberger Suite« gaben dem Sender Hannover zwar ein eigenständiges Gepräge, ließen ihn aber trotz Übersiedlung in neue Senderäume im Warmbüchenkamp weiterhin eine Filiale des Hamburger Senders bleiben. Technische Verbesserungen und eine Erhöhung der Leistung auf 1,5 kW hatte es schon 1930 mit der Errichtung eines zunächst 90 Meter hohen, wegen der Gefährdung des Flugverkehrs aber bald auf 50 Meter verkürzten Sendemastes in der Hainhölzer Hüttenstraße gegeben (142). Doch bereits 1940 wurde dieser ungünstige Standort aufgegeben und ein 8-kW-Sender in Hemmingen installiert. Nachdem mit den Schloßkonzerten 1943 das letzte eigenständige Programm des Senders Hannover eingestellt und Otto Ebel von Sosen mit einem Teil des Orchesters nach Bad Pyrmont evakuiert worden war, wo er sich später eine neue Wirkungsstätte aufbaute, wurde die gesamte Anlage in Hemmingen einschließlich des 90 Meter hohen Rundstahlantennenmastes am 8. April 1945, zwei Tage vor dem Einrücken der Amerikaner, in die Luft gesprengt, so daß der Sender Hannover nach dem Kriege noch einmal ganz von vorn beginnen mußte.

131 Das Orchester der »Norag« bei Aufnahmen in seinen Senderäumen in der Hanomag.
Foto: Albert Hoepfner. 1925 (Ausschnitt)

Kultur zwischen den Kriegen

Was später mit dem Etikett »Die goldenen Zwanziger« verklärt wurde, begann in Hannover bereits mitten im Ersten Weltkrieg und erlebte eine aufregende kurze Zeit der Blüte. Herbert von Garvens machte mit seiner außergewöhnlichen Privatsammlung zeitgenössischer Kunst von sich reden und der Gegenwartskunst aufgeschlossene Bürger, darunter Industrielle wie Hermann Bahlsen, Fritz Beindorff und August Sprengel, die seit Jahren junge Künstler als Werbegraphiker herangezogen und deren Werke auch mit dem Ziel angekauft hatten, die Beschäftigten ihrer Betriebe mit der modernen Kunst vertraut zu machen, gründeten 1916 die Kestner-Gesellschaft. Im Gegensatz zum traditionsreichen Kunstverein, der unter Tramms offizieller Kunstpolitik nicht über die Impressionisten hinauskam, verschrieb sich die Kestner-Gesellschaft neben der Vermittlung des »Historisch-Gewordenen« vor allem den Werken der Jungen und Jüngsten in Bildender Kunst, Architektur, Literatur und Musik. Die ersten sechs Jahre, in denen Paul Erich Küppers die Gesellschaft leitete, waren mit Ausstellungen, Lesungen, Vorträgen und Publikationen zugleich ein früher Höhepunkt, dem nach Küppers Tod und infolge der Inflation weniger Aufregendes folgte, da sich die Ende der zwanziger Jahre das Kunstleben allgemein kennzeichnenden Ermüdungserscheinungen auch in der Kestner-Gesellschaft bemerkbar machten. Trotz nationalsozialistischer Angriffe konnte sie 1936 noch eine Franz-Marc-Ausstellung zeigen. Dann wurde ihre Schließung verfügt.
Ermuntert durch die Kestner-Gesellschaft war bereits 1917 die »Hannoversche Sezession« entstanden, zu der etwas später auch Kurt Schwitters stieß, der eigenwilligste, vielseitigste und wegen seiner Skurrilität am meisten verkannte Künstler dieser Jahre. Von Expressionismus und Abstraktion kam Schwitters als Anhänger der Anti-Kunstbewegung DADA zu Collagen aus ganz gewöhnlichen, kunstfremden Materialien des Alltags. Seinen Merzbildern – die aus Commerzbank entnommene Silbe »Merz« wurde sein Markenzeichen – entsprachen seine Merzdichtungen, deren Texte und Textcollagen ihn als Vorläufer der konkreten Poesie erscheinen lassen. Titelgedicht seiner ersten 1919 in Steegemanns Zeitschrift »Die Silbergäule« erscheinenden Gedichtsammlung war die bekannte »Anna Blume«. Von 1923 bis 1932 gab Schwitters seine Zeitschrift »Merz« heraus. Ab 1923 baute er sein Haus unter Verwendung malerischer und plastischer Mittel zum »Merzbau« um. Gegen Ende der zwanziger Jahre gehörte Schwitters nach Kontakten zur holländischen Stijl-Bewegung mit Carl Buchheister, Hans Nitzschke und Friedel Vordemberge-Gildwart zur Gruppe der »abstrakten hannover«. Am längsten blieb

132 Abstraktes Kabinett in der Kunstabteilung des Provinzialmuseums

133 »Schauburg«, Hildesheimer Straße. Foto: Um 1912

eine Künstlergruppe zusammen, die eigentlich keine Gruppe mit festem Programm war, sondern lediglich aufgrund der gemeinsamen künstlerischen Gesinnung und malerischen Anstöße, die sie bei Fritz Burger-Mühlfeld an Hannovers Handwerker- und Kunstgewerbeschule erfahren hatten, über Jahre hinweg zusammenhielt. Fritz Busack Grethe Jürgens, Hans Mertens, Gertha Overbeck, Ernst Thoms und Erich Wegner gehörten dazu. Noch 1932 waren ihre Verbindungen so eng, daß sie, am Ende einer künstlerischen Etappe, in ihrem allerdings nur kurzlebigen »Wachsbogen« noch einmal mit Nachdruck die Auffassung von ihrer Kunst der neuen Sachlichkeit verfochten. In der offiziellen Kunstpflege hatte Alexander Dorner, der ungewöhnliche Direktor der Kunstabteilung des Provinzialmuseums, den Durchbruch zur Moderne vollzogen. Im Zuge der Vereinigung mehrerer getrennt nebeneinander bestehender Sammlungen und des Aufbaus einer einheitlichen systematischen Präsentation der Kunstbestände entstand 1927 innerhalb der Abteilung moderner Kunst das von El Lissitzky geschaffene Abstrakte Kabinett (132). Ein Jahrzehnt später wurde es zusammen mit annähernd 300 Kunstwerken ein Opfer der braunen Aktion »Entartete Kunst«. Das weitere Ziel Dorners, das Museum zu einem Erziehungsinstitut für die breite Masse zu machen, verfolgten gleichzeitig seine Kollegen Jacob-Friesen in der Urgeschichtsabteilung des Provinzialmuseums und Peßler im Vaterländischen Museum. Neue

134 Eingang zu den »Weltspielen« in der Georgstraße. Foto: 1929

135 Fridel Mumme als »Egle« in Goethes »Die Laune des Verliebten«. Foto: Hugo Julius. Um 1925

136 Max Gaede als Wilhelm Voigt in Zuckmayers »Hauptmann von Köpenick«. Foto: 1931

137 Yvonne Georgi und Harald Kreutzberg in einer grotesken Tanzszene von Igor Strawinsky. Foto: Um 1930

138 Rudolf Krasselt (1879–1954), Generalmusikdirektor von 1924–1943. Foto: Albert Meyer. 1929

Gedanken zogen in die Museen ein, doch standen ihrer Verwirklichung nicht selten die fehlenden Geldmittel entgegen. Das Vaterländische Museum konnte erst Mitte der dreißiger Jahre neue Wege – allerdings etwas andere als ursprünglich gedacht – beschreiten, nachdem die Nazis auch die in den Museen veranschaulichte Heimat- und Volkskunde in ihre Ideologie von Blut und Boden, Brauchtum und Sitte eingetaucht hatten.

Dem Hoftheater an der Georgstraße hatte das Ende der Monarchie nicht nur einen Wandel in Richtung und Stil des Repertoires ermöglicht, sondern auch einen Wechsel des Trägers beschert. Die Stadt Hannover hatte sich trotz ihrer finanziell prekären Lage entschlossen, das vom preußischen Staat mit Schließung bedrohte Theater zu übernehmen, um ihren Bürgern die traditionsreichste und bedeutendste Stätte der Kultur zu erhalten. Da die Oper unter dem sehr agilen Richard Lert inzwischen ein starkes Übergewicht erhalten hatte, übernahm die Stadt für das Schauspiel die bislang als Privattheater betriebene »Schauburg« an der Hildesheimer Straße (133), einen modernen Bau aus dem Jahre 1911, dessen 1000 Plätze jedem Besucher ungehinderte Sicht auf die Bühne gestatteten. Beide Häuser wurden seit 1925 als Städtische Bühnen Hannover geführt. Die privaten Theater, obgleich unmittelbar nach der Revolution lebendiger und schneller mit Neuigkeiten als das Haus an der Georgstraße, hatten in den Nachkriegs- und Inflationsjahren schwer um ihre Existenz zu ringen. Das Residenztheater in der Marktstraße mußte infolge eines durch Schnitzlers »Reigen« ausgelösten Theaterskandals im August 1922 seine Pforten schließen. Wo Kainz, Wegener, Ernst Deutsch, Agnes Sorma und Maria Fein auf den Brettern gestanden hatten, wurden Garagen eingerichtet. Mit dem Deutschen Theater, in dem Georg Altmann vor dem Kriege immerhin Ibsen, Strindberg, Schnitzler, Wilde und Shaw gespielt hatte, ging es nach der Inflation trotz des Operetten- und Schwankspielplans langsam aber ständig bergab. Die hannoversche Erstaufführung von Brechts »Dreigroschenoper« lenkte zwar noch einmal ärgerliches Interesse auf das Haus in der Reuterstraße, aber Bedeutung erlangte es trotz der Bemühungen Eduard Schindlers nicht wieder. Im Herbst 1933 schloß es seine Pforten und wurde Lagerhalle. Auch das »Mellini« konnte sich trotz seiner äußerst zugkräftigen Operetten nicht halten. Mitte der dreißiger Jahre übernahm es die NS-Gemeinschaft »Kraft durch Freude«. Schließlich hatten die Theater auch in den Lichtspielhäusern eine gewisse Konkurrenz erhalten (134).

Die Städtischen Bühnen, Schauspiel, Ballett und Oper, waren in der Zwischenkriegszeit mit den Namen Roennecke und Altmann, Georgi und Kreutzberg, Lert und Krasselt verbunden. Roennecke hatte in den ersten Jahren aus dem vollen schöpfen können. Jüngere Dramatiker waren vorzustellen, ältere nachzuholen und die Klassiker neu zu interpretieren. Sein »Faust« von 1920 ließ aufhorchen, bei der Uraufführung von Klabunds »Nachtwandlerin« kam es zum Skandal und Sternheims kurz vor der Reichstagswahl 1920 herausgebrachter »Kandidat« erregte Ärgernis. Das Publikum, bisher mehr den Hoftheaterstil dichter Dekorationen und deklamierender Schauspieler gewohnt, mußte neu hören und sehen lernen, denn das neue szenische Prinzip war die Vereinfachung, war die Konzentration, waren glatte Flächen, klare Formen, reine Farben, sparsame Bühnenbilder. Willy Grunwald, als Nachfolger von Puttkammers, der erste städtische Intendant, Roennecke und Johann Frerking als Dramaturg, machten aufregendes und gutes Theater, das aus dem Wagnis zu neuen Stücken, dem Experiment der Inszenierung und der Qualität der Darbietung lebte. Doch dem städtischen Theaterausschuß paßte seit Mitte der zwanziger Jahre die ganze Richtung nicht mehr. Er vergraulte Grunwald, Frerking und Roennecke und engagierte 1927 Dr. Georg Altmann als Oberspielleiter des Schauspiels. Es ging in der »Schauburg« nun wieder gemäßigter zu. Mit einem ausgezeichneten Ensemble, aus dem Fridel Mumme (135), Zelia Normann und Marianne Stoldt, Theodor Becker, Max Gaede (136), Raoul Lange, Max du Menil, Hugo Rudolf und Hans Teschendorf genannt seien, betrieb Altmann ein auf Breitenwirkung ausgerichtetes und mit Geschmack inszeniertes Bildungstheater. Altmann legte sein Amt 1933 nieder. Sein Nachfolger wurde Alfons Pape, der sich bemühte, das Schauspiel durch die Schwierigkeiten und Sonderforderungen des Dritten Reiches zu steuern. Nach Papes Pensionierung und der vorzeitigen Entlassung des Generalmusikdirektors Krasselt kam es 1943 trotz Diktatur und Krieg unter dem neuen Intendanten, Gustav Rudolf Sellner, noch einmal zu einigen Lichtblicken, ehe beide Spielstätten 1943 zerstört wurden.

Das Ballet des Opernhauses hatte seine großen Zeiten in den frühen und späten Zwanzigern. Hanns Niedecken-Gebhardt, seit 1922 als Oberspielleiter der Oper engagiert, hier und in Göttingen Wegbereiter der Renaissance der Opern und Oratorien Händels in einem aus tänzerischem Geist geprägten Stil, vermittelte Hannover die Bekanntschaft mit den Schülern der in Hannover geborenen und in Dresden wirkenden Mary Wigmann, mit Max Terpis, Harald Kreutzberg und Yvonne Georgi. Durch sie kam der neue Tanz, der Ausdruckstanz, nach Hannover. Die Jahre 1926 bis 1931, in denen Yvonne Georgi zum ersten Mal am hannoverschen Opernhaus engagiert und ihr erster Solotänzer Harald Kreutzberg war, gehören zu den glanzvollsten Perioden des hiesigen Theaters (137).

In der Oper hatte 1924 die Ära Krasselt begonnen. Rudolf Krasselt (138) führte die hannoversche Oper zu bemerkenswerten Leistungen. Sie war zwar nicht avantgardistisch, zeichnete sich aber durch hohes Niveau und anspruchsvollen Spielplan aus. Krasselt gelang es, das unter ihm auf 90 Mitglieder anwachsende Orchester zu hoher künstlerischer Vielseitigkeit zu führen, so daß er in einer Spielzeit etwa 60 verschiedene Opern im Repertoire haben konnte. Mit ihm wirkten u.a. der neue Chordirektor Kurt Gatzmann, der langjährige erste Kapellmeister Arno Grau, aber auch der junge Johannes Schüler, der 1949 als Generalmusikdirektor nach Hannover zurückkehrte, der Bühnenbildner Kurt Söhnlein, die unvergleichliche Tiana Lemnitz und die

Damen Kraiger, Sack, Schuh, Schmidt-Gerlach, Singenstreu, Stolzenberg und Wahrmann-Schöllinger, der junge Peter Anders, Carl Hauss, der »Tenor der Ära Krasselt«, und die Herren Baldszun, Blankenhorn, Correck, Huxdorf, Kronen, Minten, Patsche, Paul, Rabot, Schöneweiß, Siegmund, Wiesendanger und Wissiak. Im Repertoire, das der sinfonischen Musik und der Opernliteratur in ihrer ganzen Breite gewidmet war, stellte Krasselt mit Strawinsky, Weill und Schreker die neueren Komponisten vor, mit Vorliebe pflegte er Richard Strauss (140), mit Hingabe die Werke von Ermanno Wolf Ferrari. Dessen »Sly« erlebte mit Carl Hauss in der Titelrolle (139) eine der schönsten Wiedergaben, »Der Kuckuck von Theben« in Anwesenheit des Komponisten am 5. Juni 1943 seine Uraufführung. Daß diese schon in eine schlimme Zeit fiel, machten die auf dem Programmzettel stehenden Hinweise über das Verhalten bei Fliegeralarm deutlich. Knapp zwei Monate später wurde das Opernhaus ein Raub der Flammen.

139 Carl Hauss als »Sly« in der gleichnamigen Oper von Ermanno Wolf Ferrari. Foto: Ullbricht. 14. 10. 1928

140 Richard Strauss als Gastdirigent des »Rosenkavalier« in Hannover. Sitzend: Mathilde Schuh – Sophie, Richard Strauss, Emmy Sack – Feldmarschallin; stehend: Tiana Lemnitz – Octavian Rofrano, Gertrud Schmidt-Gerlach – Annina, Willy Wissiak – Baron Ochs auf Lerchenau, Willy Patsche – Polizeikommissar, Otto Fillmar – Herr von Faninal, Georg Baldszun – Valzacchi. Foto: Kurt Julius. Nach der Vorstellung am 15. 11. 1932

141 Dr. Arthur Menge (1883–1964), Oberbürgermeister 1925–1937. Foto: Wilhelm Hauschild. 26. 11. 1935

Aus der Amtszeit eines »unpolitischen« Oberbürgermeisters. Die Jahre 1925 bis 1937

Seit dem 15. August 1925 hatte Hannover wieder einen Oberbürgermeister. Er hieß Dr. Arthur Menge (141), war 42 Jahre alt und gehörte der Deutsch-Hannoverschen Partei an. Seine Wahl hatte den allgemeinen Trend nach rechts bestätigt. Mit seiner bekannten Maxime »Politik gehört nicht aufs Rathaus«, mit der er bewußt von der parteipolitisch geprägten Amtsführung seines Vorgängers Leinert abrückte und sich Tramms Auffassung vom Amt des Oberbürgermeisters anschloß, propagierte der autoritäre Menge den unpolitischen Oberbürgermeister, der auch gegenüber den ihm nicht nahestehenden Bevölkerungskreisen »ausgleichend zu wirken und Interessengegensätze zu überbrücken« habe. Hinsichtlich der wirtschaftlichen Schwierigkeiten verkündete er den »Grundsatz unbedingter Sparsamkeit« und nahm in den kritischen Jahren der Weltwirtschaftskrise in seiner Stadt lieber 60000 Arbeitslose in Kauf als eine Neuverschuldung durch Darlehen.

Die städtebauliche Entwicklung Hannovers wurde in Menges Amtszeit wesentlich durch die dringend erforderliche Beseitigung der Wohnungsnot bestimmt, mit der Hannover 1927 an zweiter Stelle aller Großstädte stand.

Ziel des neuen Wohnungsbaus war es einerseits, die Wohnungen, die zumeist Kleinwohnungen waren, im Innern wie in ihren Außenbeziehungen optimal anzulegen, andererseits jeden Neubau unter Berücksichtigung der zu größeren Komplexen gehörenden Grünflächen als Teil eines Ganzen im vorhandenen oder zu schaffenden Stadtbild zu sehen und alle privaten Kräfte unter gesamtstädtebaulichen Gesichtspunkten zu aktivieren.

Bei den meisten Bauten dieser Jahre, die sich zur bestmöglichen Ausnutzung von Versorgungs- und Verkehrslagen vorwiegend an vorhandenen Komplexen oder am Verlauf der Hauptausfallstraßen orientierten – so u.a. an Jahn- (142), de-Haen- und Karl-Peters-Platz, im Bereich der Geibelstraße, an der Friedrich-Ebert-Straße und in Kleefelds Gartenstadt (143) –, fand in Wiederaufnahme einer typisch hannoverschen Tradition der Klinker ausgiebig Verwendung, dem der seit 1925 als Stadtbaurat amtierende Karl Elkart der geringen Unterhaltungskosten und seiner Bodenständigkeit wegen den Vorzug gegeben hatte, und dem Baurat de Jonge schließlich 1936 eine Solidität bescheinigen sollte, die »den in diesen Quartieren wohnenden niedersächsischen Menschen zum Ausdruck« bringe. Doch für eine Ideologisierung des Bauens, wie sie in dieser Bemühung des Heimatlichen anklang, war in der pragmatisch ausgerichteten, städtebaulichen Konzeption Elkarts kein Platz. Denn neben den ausgesprochenen »Klinkervierteln« entstanden die überzeugenden Putzbauten Adolf Falkes in der Liststadt, die städtischen Wohnblocks an der Berkhusenstraße und die Kleinwohnungen an der Göttinger Chaussee. Dieselbe Offenheit ermöglichte neben den modernen Flachdächern die traditionellen Steildächer, so daß die ersten zehn Jahre von Elkarts Amtszeit von einer Art funktional sachlichem Baustil gekennzeichnet sind. Dasselbe Nebeneinander galt auch für die Einzelbauten, die dem Stadtbild gleichwohl bemerkenswerte Akzente hinzufügten. Seien es nun Putzbauten wie die Mädchenberufsschule an der Lutherkirche, die Sportstätten der Technischen Hochschule, das Flughafengebäude und die Eigenheime an der Pädagogischen Akademie oder seien es die zahlreichen Klinkerbauten, als deren auffallendster das von Fritz Höger entworfene Anzeiger-Hochhaus (144) gelten darf, das allerdings durch die Wiederaufnahme gotischer Elemente und mit der Verbindung expressiver und funktionaler Formen architekturgeschichtlich eine Übergangserscheinung darstellt.

Einheitlicher in der Formsprache erscheinen das Hochhaus am Schwarzen Bären, die Volksschule in der Südstadt, Fritz Kaßbaums Pädagogische Akademie, klarer und eindeutiger vor allem Karl Elkarts Stadtbücherei an der Hildesheimer Straße (145). In diese Reihe gehört auch Henry van de Veldes Jüdisches Altersheim in Bemerode, ein breit hingelagerter Bau, der Monumentalität und Lebhaftigkeit auf einzigartige Weise verbindet. Monumentalität sollte auch ein anderer Bau suggerieren, dessen völlig unproportionierte Säuleneinfahrt aber bereits ein Zeichen bombastisch-hohler Selbstdarstellung war: das ehemalige Generalkommando an der Hans-Böckler-Allee.

Neben den Neubauten am Stadtrand entstanden Mitte der dreißiger Jahre auch in der Altstadt wieder neue Häuser. Die

»Altstadtgesundung« – wie es damals hieß, als man Fremdwörter tunlichst vermeiden mußte – seit Jahrzehnten als dringende Aufgabe erkannt, kam endlich in Gang. Denn verschiedene Altstadtquartiere waren inzwischen baulich, hygienisch, wirtschaftlich und sozial derartig heruntergekommen (146), daß nur noch Abbruch und Neubau helfen konnten (147). Der Anfang wurde zwischen Burg- und Knochenhauerstraße im Ballhof- und Kreuzkirchenviertel gemacht. Alle weiteren Sanierungsprobleme löste der Luftkrieg.

Hatte der Straßenbau vor dem Ersten Weltkrieg eine untergeordnete Rolle gespielt, so sah er sich im Zuge der sprunghaft ansteigenden Motorisierung vor völlig neue Aufgaben gestellt. Die Hauptverkehrsstraßen wurden ausgebaut und mit neuer Fahrbahndecke, meist Asphalt oder Mansfelder Schlackensteinpflaster, versehen. Die großen Ausfallstraßen, von denen drei zu der 1937 eröffneten Ost-West-Autobahn (148) führten, erhielten durchweg eine Breite von 30 Metern, dazu eine gute Beleuchtung.

Die zentrale Verkehrslage Hannovers erfuhr in diesen Jahren weitere Verbesserungen durch die Fortsetzung des Kanalbaus, dessen Hindenburg-Schleuse in Anderten zwar schon 1925 in Betrieb genommen werden konnte, der aber die Elbe bei Burg erst 1938 erreichte, sowie durch die Eröffnung der neuen leistungsfähigeren Flughafenbauten auf der Vahrenwalder Heide. Hier hatte der hannoversche Flugpionier Karl Jatho 1903, noch vor den Brüdern Wright, mit seinem Motordrachenflieger (149) einen ersten Luftsprung von 18 Metern gemacht, bald darauf eine private Start- und Landebahn angelegt, die später auf der Strecke »Paris-Cöln-Hannover« rege benutzt wurde. Obwohl Stadtdirektor Tramm einen Zeppelinflughafen lieber auf der Großen Bult gesehen hätte, und der erste offizielle Hannover berührende Linienflug 1919 auf dem Flughafen der »Hawa« am Tönniesberg abgefertigt wurde, siegten nach mancherlei Schwierigkeiten schließlich die Befürworter des Standortes Vahrenwalder Heide. Am 7. März 1935 konnte Oberbürgermeister Menge die neuen Anlagen einweihen (150). Der als Vertreter des Reichsluftfahrtministeriums an der Feier teilnehmende Dr.-Ing. Friedrich Petzel wurde 17 Jahre später Direktor des ersten Nachkriegsflughafens, der allerdings weiter draußen lag, und zwar auf dem Gelände des ebenfalls 1935 im Zusammenhang mit der Luftrüstung des Hitlerregimes entstandenen Militärflughafens Langenhagen-Evershorst.

Bedeutende Leistungen erbrachte die Stadtverwaltung auch für den Grün- und Erholungsbereich. Die zahlreichen Neubauviertel erhielten ihre Schmuck- und Kinderspielplätze, weitere Kleingartenkolonien fanden als Dauereinrichtungen Berücksichtigung in der Stadtplanung, vor allem aber wurden der Maschsee angelegt, der Tiergarten mit der Eilenriede verbunden und die Herrenhäuser Gärten vor dem endgültigen Verfall gerettet.

Die bereits 1902 von dem Vorsitzenden des Hannoverschen Canoe-Clubs, dem Tischlermeister Carl Thiele, erhobene Forderung, in den Maschwiesen einen See anzulegen, waren in den folgenden Jahrzehnten wiederholt diskutiert und geprüft worden. Doch erst als der neue Oberbürgermeister Menge sich das Projekt zu eigen machte, kam es mit einem wasserbautechnischen Gutachten von Professor Franzius und den Entwürfen des Bauamtes nach mehreren Planungsphasen so weit voran, daß der Magistrat am 8. November 1932, ohne zu wissen, woher er das Geld nehmen sollte, aber in der Hoffnung auf bessere Zeiten beschloß, mit den endgültigen Entwurfsarbeiten zu beginnen, um bei deren Verwirklichung wenigstens einige Hundert der 60000 Arbeitslosen (151) beschäftigen zu können. Als Menge die Entwürfe ein Jahr später den Bürgervorstehern erläuterte, konnte er ihre Durchführung der inzwischen an die Macht gekommenen NSDAP zwar als taugliches Mittel ihrer Arbeitsbeschaffung anpreisen, das Geld mußte er jedoch in mühsamen Verhandlungen selbst beschaffen.

Im März 1934 ließ Menge die Bauarbeiten anlaufen, ohne daß die Finanzierung endgültig gesichert war. Um möglichst viele ungelernte Arbeitskräfte zu beschäftigen, wurden Maschinen nur sehr sparsam eingesetzt (152). Himmelfahrt 1936 fand die feierliche Eröffnung statt (153). Die örtlichen Parteigrößen, die mit Reichserziehungsminister und Gauleiter Bernhard Rust erschienen waren, hörten Menges Ansprache, in der er den Maschsee, ohne Partei und Zeitumstände besonders herauszustreichen, als eine Leistung der Stadt feierte, mit etwas länglichen Gesichtern. »Wille zum Aufbau / gab werkfrohen Händen / den Segen der Arbeit / Freude, Gesundheit und Kraft / Spende fortan auch der See / 1934–1935.« So steht es an der Säule, die den von Senator Fritz Beindorff gestifteten Fackelträger von Hermann Scheuernstuhl trägt. Hannover hatte einen See erhalten, der bis an die Stadtmitte heranreichte und dessen nördliche Uferpromenade seit 1965 zu Recht den Namen Arthur-Menge-Ufer trägt.

Noch ehe der Maschsee mit Strandbad, Grünanlagen, Leine- und Ihmeregulierung fertiggestellt war, wurde bereits ein neuer Grünzug in Angriff genommen. Als Verbindung des Tiergartens mit der Eilenriede entstand unter Berücksichtigung pflanzensoziologischer Gesichtspunkte die von Stadtgartendirektor Wernicke gestaltete Wiesenlandschaft des Hermann-Löns-Parks mit einer ländlichen Kaffeewirtschaft und der alten, wieder nach Hannover zurückgeholten Windmühle.

Auch die Wiederherstellung der verfallenen Herrenhäuser Gärten ging auf Menge zurück. Im Herbst 1936 erwarb die Stadt den Großen Garten und den Berggarten. Am 12. Juni des folgenden Jahres konnte der Große Garten in Anwesenheit des braunschweigischen Herzogpaares der Öffentlichkeit wieder übergeben werden.

Auch das Schloß (154) und die Orangerie mit den Staatswagen waren wieder zu besichtigen. Der Große Garten hatte seine ursprüngliche Gestalt mit verschiedenen Veränderungen und Neuschöpfungen angereichert weitgehend zurückerhalten. Kaum hatten die Hannoveraner den Garten richtig in Besitz genommen und die Spiele auf dem Theater wieder begonnen (155), machte der Krieg allem ein Ende. Am 18.

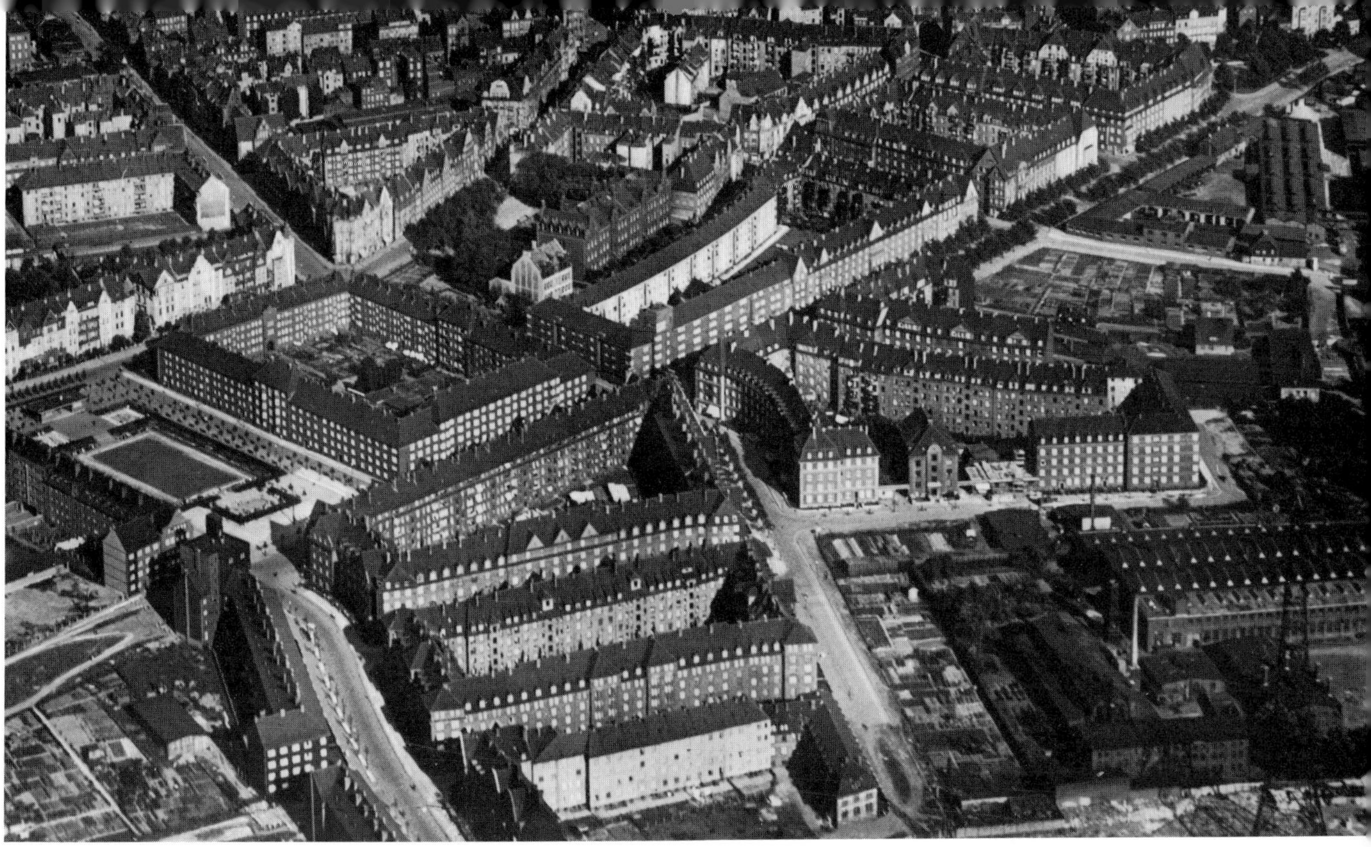

142 Neubauviertel am Jahnplatz; schräg durch die Bildmitte verlaufend die Philippsbornstraße; ganz rechts am Bildrand der 1930 errichtete Sendemast. Postkarte. Um 1935

143 Wallmodenstraße in Kleefelds Gartenstadt. Foto: 1938

144 Anzeiger-Hochhaus von Fritz Hoeger. Luftaufnahme: Um 1930

FRISEUR

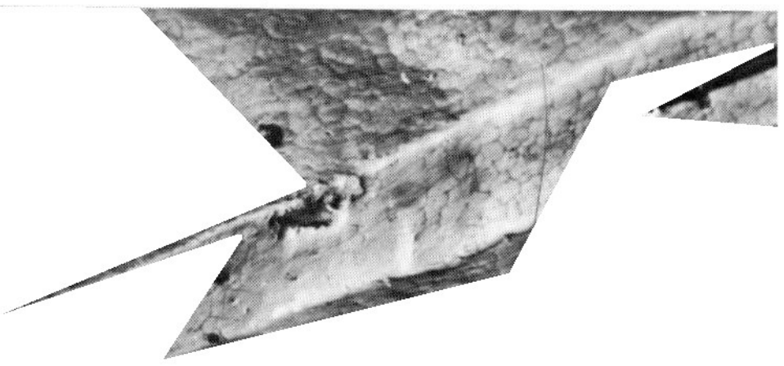

◁ *145 Stadtbücherei von Karl Elkart; rechts das Eckhaus zwischen Hildesheimer und Höltystraße. Postkarte. Um 1932*

◁ *146 Elendswohnung in der Ballhofstraße 7, II. Obergeschoß. Foto: Städt. Sozialamt. Vor 1935*

◁ *147 Ballhofstraße mit Blick auf Kreuzstraße und Kreuzkirche während der Altstadtsanierung. Foto: Eugen Heuer. 1937*

148 Reichsautobahn bei Hannover. Foto: Hans Pusen. 1940

Oktober 1943 brannte das Schloß ab, Hunderte von Bomben pflügten den Garten um.
Die Wiedereröffnung der Herrenhäuser Gärten war die letzte große Amtshandlung des Oberbürgermeisters Dr. Arthur Menge. Als wenige Wochen darauf seine zwölfjährige Wahlperiode zu Ende ging, wurde die Partei den unbequemen und eigenwilligen Mann, der nicht zu ihr gehörte, auf einfache Art und Weise los. Früher hatte sie in ihm die geeignete »Führernatur« gesehen und ihn auch aufgrund seiner unbestrittenen Fähigkeiten 1933 nicht aus dem Amt gedrängt, dessen in der alten Städte- und der neuen Gemeindeordnung gefestigte Kompetenzen Menge dann aber gegen alle Einwirkungsversuche mit den Tricks des erfahrenen Verwaltungsbeamten erfolgreich verteidigte, so daß die nationalsozialistische Gleichschaltung auf dem Rathaus nur langsam vorankam.
Die am 12. März 1933 stattfindenden letzten halbwegs demokratischen Kommunalwahlen, denen eine Woche zuvor Reichstagswahlen voraufgegangen waren, in deren Wahlkampf die Nazis zwei Reichsbannerleute erschossen hatten, brachten der NSDAP nicht die erhoffte absolute Mehrheit. Doch erlangte sie diese sehr schnell durch Verhaftung und Ausschaltung von kommunistischen und sozialdemokratischen sowie durch Anschluß und Übertritt bürgerlicher Bürgervorsteher. Bereits am 7. März hatte eine SA-Abteilung, von der Verwaltung stillschweigend geduldet, unter Absingen des Horst-Wessel-Liedes neben den Farben Schwarz-Weiß-Rot die Hakenkreuzfahne auf dem Rathaus gehißt.
Als die am 12. März gewählten Bürgervorsteher am 6. April in ihr Amt eingeführt wurden (156), lagen Monate heftiger Auseinandersetzungen und braunen Wahlkampf-, Einschüchterungs- und Verfolgungsterrors hinter den Linksparteien. Am 1. April, an dem die Nazis zu einem Boykott gegen jüdische Geschäfte aufgerufen hatten, stürmten sie zugleich in einem brutalen Überfall das Haus des bereits verbotenen »Volkswillen« und der Gewerkschaft (157), die einen Tag nach dem 1. Mai, an dem 150000 »Arbeiter der Stirn und der Faust« in einem fünfstündigen Marsch durch die Stadt gezogen waren (158), aufgelöst und durch die Arbeitsfront ersetzt wurden.
Am 10. Mai kam es in Hannover wie in anderen deutschen Städten unter Führung des »Kampfausschusses der deutschen Studentenschaft gegen Schmutz und Schund« zu jener aus Wahn, Banausentum und Unbildung geborenen Bücherverbrennung an der Bismarcksäule, bei der Victor Curt Habicht, Professor der Kunstgeschichte an der Technischen Hochschule, der sich 1916 als wilder Imperialist, 1919 als glühender Pazifist aufgeführt hatte, die Stimmung mit einer Rede auf »deutsche Wissenschaft, deutsche Kultur, deutsche Kunst« anheizte. Zielstrebig wurden Zeitungen, Vereine und Verbände in die nationalsozialistische Gangart gebracht, so daß in diesen Bereichen die Gleichschaltung bereits im Juli als vollzogen gemeldet werden konnte. Aus dieser Gleichschaltung wurde für viele Mitbürger vor allem für die Juden ein beispielloser, nach unsäglichen Erniedrigungen in den Tod führender Leidensweg. Unter dem Schlachtruf »Die Juden sind unser Unglück« hatte ihre Terrorisierung sofort nach der Machtergreifung begonnen, durch die Nürnberger Gesetze wurde sie 1935 systematisiert, mit der »Reichskristallnacht« leitete sie 1938 das dunkelste Kapitel deutscher Geschichte ein. Auf die Mordtat des in Hannover geborenen Juden Herschel Grünspan, der die Ausweisung seiner aus Polen stammenden Eltern und ihrer Leidensgenossen hatte rächen wollen, inszenierte Goebbels, dem diese Tat ein erwünschter Anlaß war, den Sturm auf die Synagogen, die als »spontaner Volkszorn« bezeichnet, in Hannover allein von der SS ausgeführt wurde. Edwin Opplers prächtige Synagoge brannte aus (159) und wurde am 10. November gesprengt. Die »Endlösung der Judenfrage«, zwar erst Anfang 1942 formuliert, hatte begonnen. Die definitive Ausschließung der Juden aus der Gesellschaft, ihre Kennzeichnung mit dem Judenstern, ihre Zusammenpferchung in sogenannten Judenhäusern waren die Vorstufen zur Deportation, die für etwa 3400 hannoversche Juden der Weg in die Vernichtungslager war. Als das Schreckensregime zusammenbrach, lebten von den einst etwa 5500 Gemeindemitgliedern nur noch knapp zwei Dutzend in Hannover, die zusammen mit den die hannoverschen KZ-Außenstellen Überlebenden eine neue jüdische Gemeinde aufbauten.